MANUEL
DU VOYAGEUR
A PARIS.

On trouve chez le même :

Manuel du Voyageur aux environs de Paris, par P. Villiers, avec la carte géographique, 2 gros vol. *in*-18, 5 f. brochés, et 6 fr. reliés.

Manuel, ou Nouveau Guide du Promeneur aux Tuileries, contenant la description de ce palais, et celle de toutes les statues qui embellissent le jardin; nouvelle édition, par Philippon-la-Madelaine, 1 vol. *in*-18, orné de 78 gravures, 2 fr. 50 c. broché.

MANUEL
DU VOYAGEUR A PARIS,

OU

PARIS ANCIEN ET MODERNE,

CONTENANT la description historique et géographique de cette capitale, de ses Monumens, Palais, Édifices publics, Jardins, Spectacles, etc., de tout ce qui peut intéresser les étrangers, suivie de la liste des Banquiers.

NOUVELLE ÉDITION

Revue, corrigée, et considérablement augmentée;

Par P. VILLIERS,

Ancien capitaine de Dragons, auteur du MANUEL DU VOYAGEUR AUX ENVIRONS DE PARIS, etc.

PRIX : 2 francs, broché.

A PARIS.

CHEZ DELAUNAY, Libraire, Palais-Royal, Galeries de Bois, n.° 243, côté du jardin.

1806.

Les exemplaires de droit ont été déposés à la Bibliothèque Impériale.

AVIS.

LE grand nombre d'Éditions de cet ouvrage, et l'accueil que le public a fait à toutes, ont encouragé l'Éditeur à donner à celle-ci plus d'étendue. Ce *Manuel du Voyageur à Paris*, ou *Paris Ancien et Moderne*, est fait sur un nouveau plan : son ensemble est plus riche; ses détails plus finis. Comme on a voulu peindre Paris tel qu'il est, on n'a point classé, à la suite les uns des autres, les Palais, les Jardins, les établissemens, etc. qu'on y rencontre. Ainsi que dans Paris, quand ils le parcourent, les yeux du lecteur se reposeront successivement sur différens objets.

(II)

Dans ce Manuel on verra Paris tel qu'il était avant la révolution, les changemens qui se sont opérés depuis. On n'a rien négligé pour lui donner le degré d'intérêt qu'il comporte, en y mêlant quelques anecdotes piquantes, on a tâché d'égayer le sujet.

MANUEL DU VOYAGEUR A PARIS.

Tous les livres, toutes les brochures, tous les itinéraires qui ont paru depuis quelques années, ont traité l'article *Paris*. Sa fondation, ses accroissemens, ses nouvelles distributions, ont été l'objet d'un chapitre plus ou moins détaillé. Il est donc inutile de s'étendre sur l'origine du nom de cette Capitale, et d'en faire ici un nouvel historique, puisque les auteurs qui en ont parlé n'ont rien laissé à désirer, et que leurs ouvrages sont dans les mains de tout le monde. Il suffit de dire qu'après Charles VI, Charles VIII, et Louis XII, vint François I.er ; que ce prince recula les limites de Paris, et l'embellit. Il fit abattre le Louvre qui fut reconstruit par l'abbé de Cluni. Henri II le fit continuer plus magnifiquement encore ; fit démolir grand nombre d'anciens hôtels dont la gothique structure fatiguait les yeux, et nuisait aux alignemens, aux distributions des rues, des places publiques dont ce prince avait arrêté les plans.

Charles IX enferma de murailles Paris et le château des Tuileries, que Catherine de Médicis avait fait bâtir. Louis XIII exécuta, en partie, les nouveaux projets d'aggrandissement que Henri IV avait conçus. Il fut forcé d'en suspendre les travaux.

Son successeur, pendant un règne aussi long que glorieux, détermina les limites de Paris. Sous Louis XIV tout prend un autre aspect, des formes plus belles, plus variées. Les idées se régénèrent; la sphère des connaissances s'aggrandit; le génie sent toutes ses forces; il déploie ses ailes, et s'élance vers l'immortalité. Tout se modèle sur le maître; les arts accourent en foule se ranger autour de leur ami, de leur protecteur. Il vivifie les sources du commerce. Une nouvelle ville semble planer sur les ruines de l'ancienne. Les barrières sont démolies; on joint la ville aux faubourgs. Des arcs de triomphe remplacent la guérite et le guichet. Le luxe étend partout ses branches industrieuses. L'architecture déroule ses dessins hardis;

des monumens s'élèvent; le dôme des Invalides se lie à la voûte des cieux; des places publiques d'une vaste proportion; des fontaines admirables par leur composition et leur utilité; des aqueducs immenses; des ponts suspendus sur la Seine, établissent des communications commerciales. Tout se meut, s'anime, tout s'enflamme pour seconder les vues du roi. Le pinceau, le crayon, le ciseau, le burin, le stylet, veulent s'associer à sa gloire et à son immortalité. Digne héritier de Louis XIV, son successeur signale son règne par d'aussi grandes choses. Comme lui, si Louis XV commande l'admiration à son peuple, il en est encore les délices; on l'appelle le Bien-Aimé. Après lui, Louis XVI monte sur le trône; l'univers a retenti du bruit de ses malheurs.

Charles-Quint disait de son temps : *Lutetia non urbs sed orbis*, et cependant Paris n'était qu'un assemblage de méchantes huttes, sans goût, sans nulle distribution commode, et qui toutes, d'après les plans que j'en ai sous les yeux, ressemblaient à des moulins à vent sans ailes. Que dirait-il maintenant, si son œil pouvait embrasser une étendue de terrain de deux lieues de diamètre sur sept de circonférence, dont l'enceinte, formée par un boulevart magnifique bordé d'arbres, est marqué sur tous les points voyers par autant de monumens que conçut et exécuta, sous le ministère d'un grand homme d'état, un architecte célèbre, dont les ouvrages on rapproché l'intervalle qui séparait notre siècle du siècle des beaux-arts.

De quel étonnement ne serait-il pas frappé s'il parcourait Paris et son immensité, s'il mesurait la hauteur des temples que la piété éleva à l'Éternel ; s'il contemplait leur masse imposante, l'élégante solidité de ses ponts, la majesté de ses palais, le goût et la simplicité de ses habitations ; s'il calculait le nombre de ses places publiques, de ses aqueducs, de ses établissemens utiles et agréables, et de ses rues ? S'il se faisait donner un état exact de la population ; s'il voyait de près les ressorts qui font mouvoir cette grande machine, en maintiennent la tranquillité, et en assurent la salubrité, partout il verrait les heureux efforts de l'art. Le marbre façonné qui respire ; le bronze, pour ainsi dire, pétri comme la molle argile ; la toile qui réfléchit la nature ; et tous ces monumens des lettres qui attestent la profonde érudition, le génie, l'esprit et la grâce de leur auteur, pourrait-il ne pas se découvrir respectueusement en parcourant la galerie des hommes illustres qui ont honoré leur patrie par leurs talens, leur sagesse, leur exemple, et dont la mémoire revit dans notre histoire, comme elle repose dans le cœur de tous les hommes vertueux?

Après avoir admiré tant et d'aussi grandes choses, ses yeux se reporteraient malgré lui sur d'illustres débris..... Il les interrogerait sans doute, et laisserait échapper quelques larmes en entendant le récit de ce qu'a osé un peuple aveuglément furieux..... Mais je reprends mon sujet et mon plan. Je ne veux parler que de Paris et de ses Monumens les plus remarquables, de ses Établissemens, de ses Académies, de ses Spectacles et de tout ce qui peut et doit fixer l'œil du voyageur.

Je ne donnerai jamais mes idées comme bonnes, mais comme miennes.

Paris est situé sur les bords de la Seine, au vingtième degré de longitude et au quarante-huitième degré cinquante minutes, dix sections de latitude septentrionale. Elle est à quatre-vingt-dix lieues sud-est de Londres, quatre-vingt-quinze sud d'Amsterdam, deux cent cinquante nord-ouest de Vienne, deux cent cinquante nord-est de Madrid, deux cent soixante-dix nord-ouest de Rome, cinq cents nord-ouest de Constantinople, trois cent cinquante de Lisbonne, six cents sud-ouest de Moscou, deux cent vingt-cinq sud-ouest de Copenhague, trois cent quatre-vingts sud-ouest de Stockholm.

BARRIÈRES.

Avant de faire la description de Paris, il est convenable de parler de ces monumens qui en forment l'enceinte; et qui, malgré la basse envie et la sotte intrigue, offrent un coup d'œil flatteur, et annoncent dignement l'entrée de la capitale de la France. Avant que l'architecte Ledoux conçût et dirigeât le projet d'enclore Paris, on ne voyait que de grossières murailles flanquées de quelques misérables guérites. Maintenant cinquante-six bâtimens, tous différens par leur forme, leur aspect, leur élégance, leur solidité, remplacent les hutes des commis, assurent la tranquillité des citoyens, et doublent les revenus du fisc. Par cet établissement digne du ministère de M. Calone, le commerce trouve une garantie, la ville de Paris un boulevard magnifique, et les arts de beaux monumens.

Le vandalisme, et quelques arrêtés de l'archevêque de Toulouse ont détruit la plus grande partie de ces bâtimens; mais ce qui en reste atteste le génie de son auteur, et les grandes vues du ministre qui en ordonna l'exécution.

BOULEVARTS.

Bouleverts et non pas boulevarts. Avant qu'ils fussent devenus passages publics, pavés dans leur milieu, et sablés sur les deux côtés; ces lieux étaient des emplacemens vides et tapissés de gazon, où l'on allait jouer au cochonnet, à la boule. De là le mot de Boulevart, bouler sur le vert.

En 1536, les Anglais, ayant ravagé la Picardie, menaçaient de porter le fer et la flamme jusque dans la capitale. Alors on traça des fossés depuis la porte Saint-Antoine jusqu'à la porte Saint-Honoré; en 1668, on les planta d'arbres en partie; en 1705, on les continua; en 1761, les nouveaux boulevarts furent aussi achevés.

Les boulevarts les plus fréquentés sont

ceux qui règnent depuis la Madeleine jusqu'à la rue dès Filles-du-Calvaire. On y rencontre des cafés bien décorés, et tout ce que l'on appelle les petits Spectacles.

Sur les Boulevarts Neufs, on trouve la Chaumière ; c'est le rendez-vous des bonnes fortunes.

PORTE SAINT-DENIS.

Un des plus beaux monumens de Paris, est, sans contredit, celui de la Porte Saint-Denis. Il fut élevé pour consacrer le fameux passage du Rhin, la prise de quarante villes, et trois provinces soumises au pouvoir de Louis XIV. Cet arc de triomphe, digne d'une grande nation, fut élevé en 1672, sur les dessins de François Blondel. Le dessus est découvert à la manière des arcs de Titus et de Constantin, à Rome. La Porte Saint-Denis a soixante-douze pieds de face, sur autant de hauteur. L'ouverture principale a vingt-quatre pieds ; de chaque côté sont des pyramides de trophées d'armes, posées sur des piédestaux percés dans leur dez chacun d'une porte de neuf pieds de large, pour les personnes à pied ; les deux statues colossales qui, placées au bas des pyramides, soutiennent des lions, représentent la Hollande, sous les traits d'une femme abattue par la douleur, assise sur un lion terrassé et mourant, qui tient dans une de ses pattes sept flèches, désignant les sept Provinces-Unies. De l'autre côté on voit le Rhin, tenant une corne d'abondance. Le bas-relief qui surmonte l'arc, représente du côté de la ville le passage du Rhin, en 1664, sous les ordres de Turenne; l'autre, du côté du faubourg, la prise de Maestricht. Ces sculptures sont dues au ciseau de Girardon et de Michel Anguier.

Les rois de France faisaient, par la Porte Saint-Denis, leur entrée à Paris.

Lorsqu'Isabeau de Bavière y vint, Charles VI, son époux, curieux de la voir et les fêtes qu'on lui avoit préparées, se déguisa, avec Savoise, son favori; ils montèrent tous les deux sur le même cheval, le roi en croupe, et s'avancèrent, malgré la foule, pour voir de plus près. Les sergens frappaient sur la populace pour la faire ranger; « et en eut
» le roi plusieurs horions sur les épaules bien
» assis; et le soir, en présence des dames et
» demoiselles, fut la chose récitée, et on
» commença d'en bien farcer; et le roi même
» se farçait des horions qu'il avait reçus ».

Ce fut à la Porte Saint-Denis que fut pendue la première femme; c'était une *gueuse*, convaincue d'avoir empoisonné un jeune enfant.

— Porte Saint-Martin. La Porte Saint-Martin fut bâtie, en forme d'arc de triomphe, dans l'année 1614. Louis XIV la fit détruire, pour y élever celle que l'on voit à présent, et qui fut bâtie en 1674, d'après les dessins de Blondel. Cette Porte a trois ouvertures, et est décorée de quatre bas-reliefs : les deux premiers représentent la prise de Besançon, et la rupture de la Triple Alliance; les autres, la prise de Limbourg, la défaite des Allemands : ils sont désignés sous la figure d'un aigle repoussé par le dieu des combats.

Ces chefs-d'œuvres sont sortis des mains de Dujardin, de Marsi, le Hougre, et le Gros, père.

GOUVERNEMENT.

Le chef du gouvernement habite le palais des Tuileries. Les personnes qui ont des demandes à lui faire, doivent porter leur placet, sous enveloppe, dans la boîte aux lettres du gouvernement, cour des Tuileries. Sa Majesté, aux jours de parade, accueille aussi ceux qui se présentent à elle. Si un artiste veut lui mettre sous les yeux un objet d'art, c'est au premier chambellan qu'il doit s'adresser.

MINISTRES.

Le Grand-Juge, ministre de la justice, donne ses audiences publiques, place Vendôme, le vendredi, depuis dix heures jusqu'à midi ; pour les fonctionnaires publics, le même jour, de midi à une heure. Le public n'est admis dans les bureaux du secrétariat général de la comptabilité que le vendredi, depuis dix heures jusqu'à quatre ; les fonctionnaires publics sont admis tous les jours à la même heure.

— Des Relations Extérieures, demeure rue du Bac, hôtel Galifet. Il ne donne point d'audience publique. Le bureau des passeports est ouvert tous les jours, depuis onze heures du matin jusqu'à trois.

— De l'Intérieur, rue Grenelle, faubourg Saint-Germain, hôtel Brissac. Donne audience aux membres des autorités constituées les mardis. Le secrétaire général reçoit le public les lundis et jeudis, depuis une heure jusqu'à trois. Les chefs de division ont leurs bureaux ouverts les jeudis, depuis midi jusqu'à deux heures.

— De la Guerre, rue Varennes. Donne ses audiences les lundis, mardis, jeudis et samedis, aux autorités civiles et militaires, depuis trois heures jusqu'à cinq; le ministre, rue de Lille, reçoit les officiers généraux et supérieurs les premier et troisième mardis de chaque mois. Les bureaux sont ouverts tous les mercredis, de deux à cinq heures. Un officier général est chargé de recevoir tous les jours les officiers généraux ; quatre adjudans commandans reçoivent tous les jours les autres officiers.

Le directeur ministre de la guerre, rue Varennes, hôtel d'Orcay, donne une audience publique les premier et troisième lundis de chaque mois, à deux heures.

— De la Marine et des Colonies, rue Royale; reçoit le public les deux et seize de chaque mois, depuis midi jusqu'à deux heures.

Les bureaux sont ouverts tous les jeudis, de deux à quatre heures. Le ministre reçoit les membres des autorités constituées et les officiers généraux tous les jeudis, à sept heures du soir.

— Des Finances, rue Neuve-des-Petits-

Champs, donne audience publique le premier lundi de chaque mois, à midi; il reçoit les autorités constituées les lundis, à onze heures. Les conférences particulières avec les premiers commis ont lieu, tous les lundis, depuis deux heures jusqu'à quatre.

— Du Trésor Public, rue Neuve-des-Petits-Champs, ne donne point de jours d'audience fixes.

— De la Police générale, quai Voltaire. Quatre conseillers d'état travaillent chaque jour avec le ministre, et sont chargés de la correspondance, de la suite de l'instruction des affaires; chaque jour, l'un des conseillers-d'état donne audience, pour recevoir toutes les réclamations.

— Des Cultes, rue de Lille, n. 605, donne audience les mercredis, à deux heures.

— Le conseiller d'état chargé de l'Instruction Publique, au Jardin des Plantes, donne audience tous les jours, à deux heures.

— Préfecture du département de la Seine, place de Grève, à l'Hôtel de Ville; point d'audiences publiques déterminées.

— Préfecture de Police, cour du Palais de Justice; audience tous les lundis, à midi.

— Administration de l'Enregistrement des

Douanes, rue de Choiseul; le conseiller d'état, directeur général, donne ses audiences publiques le premier mardi de chaque mois; les bureaux du secrétariat sont ouverts les lundis et jeudis, depuis dix heures jusqu'à quatre.

— M. l'Administrateur Général des Postes, rue Plâtrière, reçoit tous les jours les réclamations du public. Il faut que les lettres pour les départemens soient jetées dans la boîte, tous les jours, avant deux heures; il y a des bureaux pour l'affranchissement des lettres et argent; on peut aussi, en s'adressant à l'administrateur, obtenir une place dans les malles des courriers.

— La Poste aux Chevaux, rue Bonaparte, enclos de l'Abbaye Saint-Germain-des-Prés. Les personnes qui veulent avoir des relais sont obligées de se munir d'un passe-port et d'un ordre du Directeur des Postes; il y a toujours un administrateur chargé de ces détails; on le trouve, jour et nuit, à l'Hôtel des Postes, rue Plâtrière.

— Le Directeur Général des Douanes, rue Montmartre, hôtel d'Uzès, donne audience les premier et troisième mercredis de chaque mois.

— Un des administrateurs des Forêts, quai Voltaire, au coin de la rue des Saints-Pères ; donne audience les samedis à deux heures. Le bureau des renseignemens est ouvert les lundis, mardis et samedis, depuis deux heures jusqu'à quatre.

— Le conseiller d'état, directeur général de la Liquidation de la Dette Publique, place Vendôme, donne des audiences particulières sur la demande qui lui en est faite.

— Les bureaux de la Comptabilité Nationale sont ouverts tous les jours.

— La Cour de Justice, séante au Palais, donne audience, savoir : la section des Requêtes de la Cour de Cassation, les lundis, mardis et mercredis ; celle de Justice Criminelle et Spéciale, tous les jours ; celle d'Appel, de même que le Tribunal de Première Instance.

— Le Tribunal de Commerce, rue Saint-Méri, les mardis, mercredis et vendredis.

—Arrondissemens municipaux. Paris est divisé en douze Arrondissemens municipaux ou Mairies, et en quarante-huit divisions. Chaque Arrondissement est composé de quatre Divisions, et a un maire, deux adjoints et un secrétaire, un chef de bureau de l'Etat Civil, un juge de paix, un percepteur des

Contributions, un receveur d'Enregistrement et un bureau de Bienfaisance.

— ORGANISATION ECCLÉSIASTIQUE POUR TOUS LES CULTES. Elle se compose d'un archevêque, de trois grands vicaires, et son chapitre. Trois églises Consistoriales. Les Luthériens exercent leur religion chez les ministres qui la professent.

— AUTORITÉ MILITAIRE. Le gouverneur de Paris, rue de Provence, en face la rue Céruti. L'Etat-Major, rue des Capucines, près la place Vendôme.

— POLICE MILITAIRE. Les bureaux de l'Etat-Major, de la Police Militaire, sont sur le quai Voltaire.

— Il y a quarante-huit commissaires de Police, et vingt-quatre officiers de paix.

— La direction des Travaux Publics est rue Saint-Florentin.

— La commission des Hospices, place Vendôme ; et les Archives de l'Etat-Civil, au palais de Justice.

LES TUILERIES.

Le plus beau jardin d'Athènes s'appelait

les *Céramiquos* ou Tuileries, du nom d'une fabrique de tuiles, sur l'emplacement de laquelle on le dessina; à Paris on appelle aussi Tuileries le jardin le plus magnifique, et son nom a la même origine.

Le Palais des Tuileries, qui fut souvent la demeure des rois de France, est depuis quelques années le séjour du chef de l'état. Ce fut Catherine de Médicis qui en jeta les fondemens en 1564. Son intention était de l'habiter, et d'avoir ainsi son appartement séparé du Roi, qui logeait au Louvre. Philibert de Lorme en fut l'architecte. Henri IV le fit continuer, et Louis XIV le fit achever en 1634. On termina, sous le règne de ce Monarque, la grande galerie qui s'étend jusqu'au Louvre, et en établit la communication. Le bon Henri avait fait construire, dans son prolongement, des logemens pour vingt-quatre artistes. Ses successeurs leur ont conservé le même avantage. En 1805, une nouvelle disposition, des réparations à faire, un nouveau plan ont forcé le Gouvernement à loger les Peintres et Sculpteurs dans d'autres bâtimens. Ceux du Collège des Quatre-Nations, de la Sorbonne, ont été désignés pour les recevoir.

La façade des Tuileries est composée de cinq pavillons, de quatre corps-de-logis, et présente une ligne de cent soixante-dix-huit toises, trois pieds de longueur et dix-huit de largeur. Si l'on se place sous la porte de l'hôtel Longueville, actuellement les écuries du chef du Gouvernement, et que l'œil se porte à travers les arcades du Palais, il découvre la perspective la plus magnifique, et se repose, en la mesurant, sur les tableaux riants que lui présentent et le jardin et les Champs-Élysées.

L'intérieur du Palais est orné de ce que la richesse a de plus somptueux, le luxe de plus brillant, et le goût de plus gracieux. Tous les arts à l'envi l'ont décoré. Les nouvelles distributions qu'on y a faites depuis trois ans, ont encore ajouté à sa beauté. La salle des Ambassadeurs, du Conseil-d'État, rappelle des souvenirs terribles et consolans. On y a vu l'anarchie agiter ses torches sanglantes, on y a entendu proclamer les lois d'un Gouvernement réparateur au mois de Juillet 1805. On a rétabli la Chapelle, et ses ornemens d'architecture sont d'une religieuse simplicité.

La cour des Tuileries, encombrée par plusieurs bâtimens, est maintenant dégagée dans toute son étendue, et offre un parallélograme. Elle est séparée de la place du Carrousel par une grille de fer, portée sur un mur de quatre pieds. Cette grille s'ouvre par trois portes; la principale est ornée de quatre faisceaux d'armes formant colonnes, surmontés chacun d'un coq d'airain, les ailes étendues, tenant la foudre entre les serres; au-dessous est un carré long, entouré d'une couronne de chêne et de laurier, offrant les deux lettres réunies R. F. Tous ces ornemens sont dorés. Les quatre chevaux de Corinthe, qui ornaient autrefois la place Saint-Marc à Venise, sont posés sur la plate-forme des piliers qui soutenaient les deux portes latérales de la grille. Le portique du Palais, du côté du jardin, est décoré de dix-huit statues de marbre, revêtues de la toge. Deux lions en marbre, la patte appuyée sur un globe, défendent chaque côté de la porte principale.

Dans le voyage que fit Pie VII à Paris pour sacrer Napoléon Empereur, sa Sainteté habita aux Tuileries le pavillon appelé Pavillon de Flore.

—Jardin des Tuileries. Lenostre a planté le jardin des Tuileries. On y retrouve partout le génie et le goût de ce grand homme. Il présenta un carré long de trois cents toises sur cent soixante-dix de large. Il est bordé de deux terrasses qui, se prolongeant de chaque côté, lui servent de limites, et viennent se rendre, ainsi que le jardin, par une superbe grille, à la place Louis xv. On ne peut faire un pas dans ce jardin, le plus beau de l'Europe, sans être arrêté par un chef-d'œuvre. Les statues des plus grands maîtres étonnent et fixent les regards par leur hardiesse, leur force, leur légèreté, leur grâce, leur ingénieuse pensée ou leur forte conception. Ici, c'est Énée sauvant son père de Troye incendiée; là, le Rhône se joue dans les roseaux. De ce côté, Atalante presse à peine le gazon en courant; plus loin, c'est le Méléagre qui présente la régularité des formes les plus belles. C'est la statue de César qui rappelle le premier maître de Rome; plus loin, l'amante de Pompée repose du sommeil de la mort; dans ce groupe charmant on reconnaît Castor et Pollux. Dans ce jardin règnent la grandeur, la majesté unies à la délicatesse, à la volupté.

Le jardin des Tuileries est terminé par un

fer à cheval, et embossé de deux groupes magnifiques; ce sont deux chevaux aîlés de marbre: sur l'un est monté la Renommée embouchant sa trompette; un Mercure est assis sur l'autre.

D'après un plan nouveau, et dont l'exécution est déjà commencée, le jardin des Tuileries sera fermé au nord par une grille qui rejoindra celle du Carrousel, et se prolongera jusqu'à la place Louis XV. Une galerie spacieuse et bien éclairée fera face à cette grille. Elle sera couronnée par un balcon et un attique construits sur un plan uniforme; une vaste rue remplace déjà l'étroit passage des Feuillans. Au-dessus de la principale entrée du palais des Tuileries, on a placé deux cadrans, dont l'un indique les heures d'après le calcul décimal, et l'autre suivant les anciens usages.

En sortant du jardin des Tuileries, on entre sur la place Louis XV, qui a pris le nom de place de la Concorde. Ce fut sur cet emplacement que Louis XVI perdit la vie, et que son âme alla rejoindre celle de saint Louis, le 21 janvier 1792. A droite on découvre ce que l'on appelle la colonnade des Tuileries;

là est encore le Garde-Meuble, et le Ministre de la Marine en occupe une partie; à gauche, c'est l'ancien palais Bourbon, consacré maintenant aux séances du Corps Législatif.

A l'entrée des Champs-Élysées on a placé les deux chevaux de Marly, que l'on doit au ciseau de Coustou, l'aîné.

Pour avoir des détails précis et exacts sur les statues qui se trouvent dans le jardin des Tuileries, sur les terrasses, il faut consulter la description qu'en a faite M. Philipon-la-Madeleine dans son *Manuel, ou Nouveau Guide aux Tuileries*. Cet ouvrage ne laisse rien à désirer (*).

En avant du palais des Tuileries, on voit la place dite du Carrousel. Ce fut dans cet endroit que Louis XIV donna, en 1662, à la reine sa mère, et à la reine son épouse, le dernier tournoi qu'on ait vu en France : le prix de la course de la bague fut adjugé au jeune comte de Faulx, fils du duc de Lesdiguières, qui le reçut des mains de la Reine.

La place du Carrousel est très-vaste, et sert,

(*) Il se trouve chez le même Libraire et Editeur du *Manuel du Voyageur à Paris*.

pour ainsi dire, de vestibule à celle des Tuileries. On a fait réparer l'hôtel Longueville, et il est maintenant habité par le Grand-Écuyer de sa Majesté Impériale. En traversant les cours de cet hôtel, et tournant à gauche dans la rue Saint-Thomas du Louvre, on trouve l'ancien hôtel Marigni, où loge le Gouverneur des Pages.

LOUVRE.

Sans contredit, le château appelé Louvre est la première maison royale qui soit en France. On ne sait rien de certain sur l'étimologie de son nom. Les uns ont voulu qu'on ait dit le Louvre, pour l'œuvre ou l'ouvrage; d'autres, que ce mot vient de la langue saxonne, et que Louvre veut dire château. Plusieurs ont ensuite assuré que, dans les titres anciens, ce château était appelé *Lupara*, parce que cette maison était située dans un lieu propre à la chasse du loup. Tous les écrivains ne s'accordent que sur un point seulement, c'est que ce château existait, avec ce nom, du temps de Philippe-Auguste; que ce prince l'environna de fossés, de tours, et en fit une forteresse.

La grosse tour du Louvre, connue dans

l'histoire, était isolée et bâtie au milieu de la cour; elle servait de prison à ceux qui manquaient au serment de prestation de foi et hommage, que tous les grands feudataires de la courone venaient y prêter. Guy, comte de Flandres, y fut amené avec ses enfans, en 1299, pour avoir pris les armes contre Philippe-le-Bel. Charles V s'efforça d'embellir ce triste séjour. Enfin, après avoir servi de palais aux rois, de prison aux grands seigneurs et de trésor de l'épargne, cette tour fut détruite en 1528.

Du règne de Charles V, on distinguait encore la tour dite de la Librairie, parce qu'elle contenait la Bibliothéque de ce prince, et la plus considérable de ce temps, et dont le nombre des volumes allait jusqu'à neuf cents. Ce nombre était encore grand, si l'on observe que l'Imprimerie était inconnue.

Charles V n'oublia rien pour rendre sa bibliothéque la mieux conditionnée de son temps: il acheta autant de manuscrits qu'il en put trouver, et tira du palais royal tous ceux que ses prédécesseurs et lui y avaient amassés, et les fit transporter dans la tour du Louvre.

La partie du Palais, qu'on nomme aujourd'hui le vieux Louvre, fut commencée sous François I.er, d'après les dessins de Pierre Lescot, abbé de Cluni, et la sculpture est de Jean Gougeon. Henri II vit terminer ce bâtiment, mais il ne l'habita point. Son fils, Charles IX, y fit sa résidence; Charles fit commencer la grande galerie qui joint le Louvre au palais des Tuileries, et Henri IV la termina. Louis XIII fit élever, par Mercier, le péristyle qui sert d'entrée au vieux Louvre, du côté des Tuileries, et fit continuer l'angle opposé à celui de Henri II. Louis XIV fit construire tout le reste de l'édifice moderne. Louis Levau, architecte, et François Dorbay, son élève, ont fait exécuter la superbe façade du côté de l'église Saint-Germain-l'Auxerrois, sur les dessins de Claude Perrault, médecin, dont le nom survivra à tous les monumens.

Actuellement on travaille à restaurer cette partie du Louvre; il ne sera rien changé au dehors, et chacune des parties qui restent à achever, le sera d'après les dessins sur lesquels elle a été commencée. Le troisième ordre de colonnes, imaginé par Perrault, régnera sur les façades au nord et au levant de la cour; celles au midi et au couchant seront surmontées de l'attique de Lescot. Ce Palais sera entièrement consacré aux Sciences et aux Arts. Le Musée des Tableaux continuera d'occuper la grande galerie ; celui des Statues sera aggrandi, et se prolongera au rez-de-chaussée de cette partie du Palais qui regarde la rivière ; la Bibliothèque, le Cabinet des Médailles, celui des Antiques, le Cabinet de Physique, celui des Estampes, rempliront les étages supérieurs ; l'argenterie, les joyaux et les meubles précieux de la Couronne reposeront en sûreté dans les appartemens qui sont au-dessous de la grande galerie ; la Monnaie des Médailles, le dépôt des Machines curieuses occuperont les rez-de-chaussée autour de la cour.

MUSÉE NAPOLÉON.

Le Musée Napoléon peut être regardé comme le temple consacré aux Arts. C'est là que de toutes les parties du monde sont venus se rassembler, à la voix des souverains, les chefs-d'œuvres de Peinture et de Sculpture ; tout ce que l'antiquité a de plus précieux, les marbres qui décoraient les temples de la superbe Rome ; les Tableaux qui ornaient la galerie de Médicis, y sont exposés aux regards. L'œil est tour à tour étonné, charmé par la variété des objets. L'Albane, Le Titien, Raphaël, Rubens, y mêlent, y nuancent leurs couleurs; le Laocoon, l'Apollon du Belvédère y déploient leur force et leur grâce. Le bronze semble pairi sous la main de Slodtz et autres grands hommes.

Tous les deux ans on expose, dans le vestibule qui conduit à la grande galerie, les Tableaux, les Sculptures, les Dessins, les Bronzes, les Gravures exécutés par les artistes. Cette exposition se fait au mois d'août, et on les voit depuis neuf heures du matin jusqu'à trois heures; cette exposition dure un mois. On vend à la porte un livret qui indique le sujet du Tableau et le nom de son Auteur. On trouve le même avantage au Musée Napoléon, qui est ouvert au public les samedis et dimanches; et les étrangers, en présentant leurs passe-ports, peuvent y entrer tous les jours.

INSTITUT NATIONAL.

Dans la cour du Louvre, sous le vestibule surmonté du Télégraphe, est une salle à gauche, où l'Institut se rassemble. Cette association de savans en tous genres a tenu sa première séance, en 1795, dans la salle des Gardes-Suisses. Cette salle est ornée des Statues et des Bustes des grands hommes dont les veilles ont illustré leur patrie. L'Institut est divisé en quatre classes : les sciences Physiques et Mathématiques ; la Langue et la Littérature françaises ; l'Histoire et la Littérature anciennes ; les Beaux-Arts. Les séances particulières se tiennent dans la salle où se réunissait l'Académie française, à côté de la chambre à coucher de Henri IV. Sur la présentation d'un membre de la classe, les étrangers sont admis.

L'Institut est chargé de publier les découvertes intéressantes, et de correspondre avec les savans étrangers, dont plusieurs sont associés honoraires.

Les séances générales ont lieu le premier mardi de chaque mois, et les séances publiques le premier du mois de chaque saison.

INVALIDES.

Ce fut pendant le siége de Thionville, en 1558, que Montluc conçut le projet de faire bâtir un hospice pour les soldats infirmes ou blessés. Le meilleur des rois fit exécuter ce que les circonstances n'avaient pas permis à Henri II de faire. Le bon Henri IV voulut procurer un asile honorable aux officiers et soldats qui avaient suivi son panache blanc dans les batailles. Il voulut que ces braves reposassent sous des voûtes ornées des lauriers moissonnés par leur vaillance. La mort que Ravaillac donna à ce monarque adoré, empêcha qu'il n'exécutât son dessein généreux. Son successeur avait destiné le château de Bicêtre pour y recueillir les officiers et soldats invalides. En 1634, on fit construire des bâtimens considérables. On appela cette maison la Commanderie de Saint-Louis. Louis XIV changea toutes ces dispositions : cette maison devint une succursale de l'hôpital général. Quelques personnes pieuses et bienfaisantes avaient fait bâtir une maison assez vaste, rue de la Lune, pour y recevoir cinquante soldats malades ou blessés. Quelques abbayes étoient chargées du soin d'un grand nombre de militaires échappés au fer de l'ennemi. Dans la suite cet entretien fut converti en pensions que payaient les abbayes, et furent appliquées à l'hôtel des Invalides, et constituèrent en partie les premiers revenus.

Il appartenait à Louis XIV de concevoir et d'exécuter un projet magnifique sur un vaste emplacement ; d'appeler, pour le décorer et l'embellir, tous les grands hommes qui honorèrent son siècle, et de réunir tout ce que les Arts ont de grand, de magnifique, d'imposant et de gracieux. Les fondemens de l'hôtel des Invalides furent jetés en 1671. Il fut élevé sur les plans de Libéral Bruant. Les dessins de la nouvelle Église sont de Jules Hardouin Mansard. On n'employa que huit ans à parfaire ce monument, digne lui seul d'immortaliser le prince qui le fit construire. Il n'est pas inutile d'observer que ce fut pendant le feu de la guerre qui incendia toute l'Europe, que ce projet fut conçu et exécuté. On ne peut se lasser d'admirer tout ce qui se fit sous Louis XIV, et tout ce que pouvait un ministère actif, entreprenant, et jaloux d'assurer la gloire du maître et celle du royaume.

L'avant-cour est précédée d'une grande place en demi-lune, entourée d'un large fossé revêtu de pierres de taille à hauteur d'appui. L'esplanade est plantée d'arbres, et forme une promenade jusqu'à la rivière. Au milieu de ce vaste terrain on voit une fontaine, et au-dessus le lion de Saint-Marc apporté de Venise. On a le projet, dit-on, de faire de ce lieu un Élysée militaire, où seront mis, sous des berceaux, les statues des héros guerriers. C'est là que les vieux soldats iront s'entretenir des vertus de leurs chefs, raconter leurs exploits. C'est là qu'ils instruiront leurs enfans au grand art de la guerre. L'œil fixé sur les bustes de Condé, de Turenne, de Saxe, de Desaix, de Kléber, de Dugomier, ils les proposeront comme les modèles les plus parfaits de la valeur, du désintéressement et de la piété, non pas de cette piété stérile qui n'a pour but que l'espoir d'une autre vie, mais de cette piété qui consiste à remplir ses devoirs, à adorer Dieu, à être utile à ses semblables, et à compter ses jours par un nouvel acte de bienfaisance.

Lorsqu'on franchit la porte d'entrée des Invalides, on se croit dans le Temple de la Gloire. Tout y rappelle les plus grands souvenirs. La Sculpture, la Peinture y retracent les faits les plus mémorables des armées ; les plus grands noms sont inscrits partout. Le dôme, dont l'élévation est de trois cents pieds, est environné à l'extérieur de quarante colonnes d'ordre composite. Aux voûtes de ce temple sont suspendus les drapeaux pris sur l'ennemi. Sur les deux côtés du maître-autel sont inscrits les noms de ceux qui ont obtenu des sabres d'honneur. L'hôtel des Invalides a une Bibliothéque de dix mille volumes.

Le 23 septembre 1800, on transporta aux Invalides les restes de Turenne; le beau mausolée qu'il avait à Saint-Denis, y fut aussi placé pour y être conservé; on y lit cette éloquente inscription : Turenne.

Tout est intéressant à voir dans cette maison, tout attache les yeux, émeut et attendrit. Il est impossible de ne pas sortir meilleur d'un lieu où tout respire l'honneur, la vertu, la piété.

Si Dieu pouvait habiter sur la terre, le dôme des Invalides serait son sanctuaire. Quelle magnificence ! la Divinité se fait sentir dans ces saints lieux ; l'homme s'élève à elle par la pensée. La construction de la nouvelle Église dura trente ans. Le Cardinal de Noailles, Archevêque de Paris, la dédia sous l'invocation de Saint-Louis, le 18 août 1706.

ÉCOLE MILITAIRE.

Trop jeune encore pour suivre son père dans les camps, que deviendra le fils du brave dont l'honneur est toute la fortune ; où ira-t-il apprendre l'art de la guerre et les sciences qui donnèrent à la France, et Turenne et Vauban ? Il fallait une École Militaire, et Louis xv, après avoir donné la paix à la France, tout entier aux projets de rendre ses peuples heureux, et voulant surtout récompenser dans les enfans les services des pères, fit construire le bâtiment qu'on voit en face du Champ-de-Mars, au-dessus de la barrière Vaugirard.

M. Gabriel, premier architecte du roi, en donna les dessins. Le principal bâtiment est composé de deux étages, et se termine par un entablement d'ordre corinthien. Son avant-corps, surmonté d'un attique et de statues, est décoré de dix grandes colonnes du même ordre ; on arrive à la grande cour par un vestibule percé de trois portes, et orné de colonnes doriques.

On voyait, au milieu de cette cour, la statue pédestre de Louis xv, par Lemoine ; l'escalier, à droite du vestibule, était orné des statues du grand Condé, de Turenne, du Luxembourg, du maréchal de Saxe ; les chambres du conseil et les autres salles étaient ornées des tableaux des plus grands maîtres représentant des batailles, des siéges, sous Louis XV. Tout y imprime le courage et l'amour de la gloire. A la voix des Vandales, tous ces chefs-d'œuvres sont tombés en poussière, ont été mis en lambeaux.

Le gouvernement a relevé quelques ruines, et ce séjour sert à présent de caserne à la garde-impériale.

CHAMP-DE-MARS.

A Rome, le Champ-de-Mars était un endroit spacieux, où l'on élisait les magistrats; et comme la jeunesse s'y exerçait au métier de la guerre, il fut consacré à Mars. Il fut d'abord sans bâtimens autour; ensuite on en construisit de bois, de pierre, et on y forma un vaste amphithéâtre. Auguste y fit dresser au milieu un obélisque de cent vingt pieds de haut, orné d'hiéroglyphes, et fit élever un superbe mausolée pour lui et sa famille. Chez les Francs, le Champ-de-Mars était un lieu désigné en rase campagne, commode pour camper, où chaque seigneur se rendait avec son contingent, le premier du mois de Mars. Nos rois faisaient, tous les ans, une revue générale de leurs troupes assemblées au Champ-de-Mars.

A Paris, on appelle Champ-de-Mars un lieu vaste, entouré de fossés, et orné, intérieurement et extérieurement, de quatre rangées d'arbres des deux côtés; ce Champ était destiné aux exercices des élèves de l'École Militaire, et aux évolutions des gardes françaises. Depuis onze ans il a servi à des fêtes publiques de toute espèce, et a été le théâtre de quelques scènes sanglantes. Bailly y fut torturé en 1790. Tout Paris se porta au Champ-de-Mars pour y disposer en amphithéâtre les côtés latéraux. Louis XVI et sa famille vinrent se mêler aux travaux d'un peuple qui les adorait. Chaque anniversaire de ces fêtes qu'institua chaque parti, on fesait au Champ-de-Mars, des courses de chevaux, de chars, et des courses à pied.

Le 27 août 1783, M. Charles, professeur de physique, fit au Champ-de-Mars la première expérience aérostatique avec un ballon de taffetas enduit de gomme élastique, plein d'air inflammable tiré du fer. Le 25 mars 1784, M. Blanchard y fit une expérience aussi fameuse, malgré un accident grave qui arriva à son ballon : Un jeune homme (*) ardent,

(*) Plusieurs personnes m'ont assuré que ce jeune officier était Napoléon Bonaparte.

voulant partager la gloire et les dangers de l'aéronaute, se précipita dans ce ballon, et s'attacha fortement aux cordages. On voulut l'en arracher; sa résistance fut opiniâtre; il céda, mais en déchirant une des ailes. Malgré cet événement l'intrepide M. Blanchard se précipita dans les airs.

GRAND ET PETIT CHATELET.

On ne peut révoquer en doute que de tous les Monumens, dont les vestiges subsistent encore dans Paris, le grand et le petit Châtelet ne soient les plus anciens; et, quoique différens auteurs se soient efforcés de prouver que César ne les a pas fait construire, il paraît constant que ce grand homme s'étant emparé de Paris (*Lutetia*), et, voulant rétablir les communications de cette ville, et en protéger l'importance, fit jeter deux ponts que l'on connoît encore sous le nom de Petit-Pont et Pont-au-Change, et qu'il fit élever deux forteresses, deux châtelets (*Castellum*) pour protéger et défendre sa nouvelle conquête.

Le grand Châtelet, ou Porte de Paris, et par corruption, Apport Paris, dont il ne restait que quelques tours qui servaient de prison, a été démoli au mois de Mars 1802.

Le petit Châtelet a été abattu en 1782. Son emplacement paraît consacré à retracer les misères humaines. Il servit de bastion, de prison, et maintenant on en a construit des salles pour les malades de l'Hôtel-Dieu.

QUAIS.

On appelle quai, une levée ordinairement revêtue de pierres de taille, et faite le long de la rivière, entre la rivière même et les maisons, pour la commodité du chemin, et pour empêcher le débordement de l'eau.

Les plus beaux quais sont ceux du Louvre, des Tuileries, de la Monnaie, des Quatre-Nations, Malaquais, de Bonaparte, Desaix, etc.

PONTS.

— PETIT-PONT, PONT-AU-CHANGE. Retirés dans leur petite île, les habitans de Paris, pour arrêter l'effort des armes romaines, coupèrent le Petit-Pont; mais devenus la conquête de César, ce guerrier le fit rétablir en bois, comme il était : il croula en 1200, fut rétabli encore, et dura jusqu'en 1394, qu'il fut construit en pierres.

PONT SAINT-MICHEL. — Le pont Saint-

Michel est situé à l'extrémité de la rue de la Barillerie, et sert de communication au quartier Saint-André-des-Arcs. On le nommait autrefois le Petit-Pont, le Petit-Pont-Neuf, enfin le pont Saint-Michel, parce qu'il conduit à la Chapelle et à la place Saint-Michel, et il a gardé ce nom depuis 1424, et fut construit en bois, et emporté plusieurs fois par les débordemens et les glaces, en 1618 on le rebâtit en pierre.

— Pont-Neuf (le). Ce magnifique pont s'étend sur les deux bras de la Seine, qui ont formé l'île du Palais; sa longueur est de cent quarante-quatre toises. Jacques Androuet du Cerceau, célèbre architecte du seizième siècle, en donna les dessins, et conduisit les premiers travaux qui commencèrent en 1578. Ce fut Henri III qui en posa la première pierre, le jour même qu'il avait vu passer la pompe funèbre de ses plus chers mignons, Caylus et Maugiron. Les plaisans caustiques disaient alors que ce pont s'appelait le pont des Pleurs. Les guerres civiles et les troubles qui agitèrent le règne de Henri III retardèrent la construction de ce pont, dont l'utilité étoit si indispensable. Henri IV le fit achever en 1604, sous la direction de Guillaume Marchand.

C'est sur ce pont qu'on éleva une statue au meilleur des hommes et des rois. Ce monument fut le premier de cette espèce. Son image repose dans tous les cœurs, ce sanctuaire est *œre perennius*. Henri fut

Intrépide soldat, vrai chevalier, grand homme,
Bon roi, fidèle ami, tendre et loyal amant.

En entrant sur le Pont-Neuf on voit un bâtiment construit sous le règne de Henri III, et réparé en 1712, sur les dessins de Robert de Cotte; il n'est qu'en charpente, et construit sur pilotis. Il est composé de trois étages, et renferme une pompe qui élève l'eau et la distribue, par plusieurs canaux, au Louvre et à d'autres quartiers de la ville.

Au-dessus du cintre on a levé un campanille de charpente, revêtu de plomp doré, où sont les timbres de l'horloge, et ceux qui composent le carillon qui joue ou devrait jouer à toutes les heures et demi-heures.

—Pont-Royal. Avant qu'on eût construit un pont sur l'emplacement où est le Pont-Royal, on passait la rivière en bateau, et c'est ce qui a fait donner le nom du Bac à la rue qui se trouve vis-à-vis. Le contrôleur général des bois de l'Isle-de-France, Barbier, fit construire le premier pont de bois, en 1632, et le fit peindre en rouge, et on l'appela quelquefois le pont Rouge ; le pont Barbier ; le pont Sainte-Anne, en l'honneur d'Anne d'Autriche, régente du royaume ; le pont des Tuileries parce qu'il y communiquait. Le dégel de 1684 fut si fort qu'il emporta le pont. Louis XIV donna ordre d'en construire un de pierre, à ses frais, et qui fût digne de la magnificence de son règne.

Gabriel Legrand, père, en jeta les fondemens en 1685, sur les dessins de Jules Hardouin Mansard ; mais la rapidité du courant de la Seine en cet endroit rompit les digues, et fit désespérer du succès de cette grande entreprise. François Romain, religieux convers de l'ordre de Saint-Dominique, qui s'était acquis une réputation justement méritée par la construction du pont de Maestricht, fut appelé au secours des architectes français, et il eut l'avantage d'achever leurs ouvrages. Ce magnifique pont, le premier qui ait traversé entièrement la rivière, consiste en quatre piles et deux culées qui forment cinq arches entr'elles dont les cintres sont surbaissés ; les deux bouts sont en trompes fort larges. La longueur du pont est de soixante-douze toises sur huit toises quatre pieds de largeur. Son architecture est simple et solide.

Sur un des éperons de l'arche la plus voisine de la porte des Tuileries, on a tracé une échelle divisée en mètres, qui marque la hauteur successive de l'eau, et jusqu'à quel point elle s'est élevée dans les années où il y a eu des eaux considérables.

— PONT NOTRE-DAME. En 1412, les religieux de Saint-Magloire, propriétaires de la place qu'occupe ce pont, permirent de l'établir large de douze pieds, et d'élever des maisons dessus. Charles VI lui donna le nom de pont Notre-Dame. Ce prince en posa la première pierre : en 1499, ce pont croula. On le rétablit, et ce fut Guillaume de Poitiers, alors gouverneur de Paris, qui en posa la première pierre ; il fut achevé en 1507. Ce pont est très-estimé pour sa solidité et pour la beauté de l'architecture. On le doit aux talens de Jean Joconde, religieux dominicain. Ce savant ne bornait pas ses vastes connaissances à celles de l'architecture ; il était versé dans tous les arts. On a de lui des éditions de César, de Vitruve. Les maisons qui chargeaient ce pont, ont été abattues ; les parapets ont été refaits et ornés d'une corniche soutenue sur des consoles. Ces réparations, ainsi que les trottoirs, ont été faits par Armand, sur les dessins et sous la conduite de l'architecte Moreau.

Dans le milieu du pont Notre-Dame est une pompe qui élève l'eau de la rivière, pour la distribuer dans plusieurs fontaines de la ville. La porte de cette pompe est décorée d'ordre ionique et de deux figures en bas-relief, dont l'une représente un Fleuve et l'autre une Naïade; ces morceaux étaient de Goujon.

Ce fut sur ce pont que l'infanterie ecclésiastique de la ligue passa en revue devant le légat, le 3 juin 1590. Capucins, minimes, cordeliers, jacobins, carmes, feuillans, tous la robe retroussée, le capuchon sous le casque en tête, la cuirasse sur le dos, l'épée au côté, et le mousquet sur l'épaule, marchaient quatre à quatre, le révérend évêque de Senlis à leur tête, avec un capuchon; les curés de Saint-Jacques-la-Boucherie et de Saint-Côme faisaient les fonctions de sergens-majors; quelques-uns de ces soldats du pape, sans penser que leurs fusils étaient chargés à balle, voulurent saluer le légat, et tuèrent à côté de lui un de ses aumôniers. Son émirence, trouvant qu'il commençait à faire chaud à cette revue, se dépêcha de donner sa bénédiction, et s'en alla.

— Pont de la Cité. Il réunit la Cité et l'Isle-Saint-Louis, entre lesquelles il est situé. Les piles et les culées sont en pierre, et le cintre en fer revêtu de bois. Cette construction est nouvelle en France, et fut achevée en 1804.

Le pont des Arts ou du Louvre ne sert qu'aux gens de pied. Il a été achevé en 1804; les piles et les culées sont en pierre, et les arches en fer. C'est le premier pont de ce genre en France; il est orné de toutes les fleurs les plus belles et les plus rares : l'oranger, le citronier, le lilas, l'hortensia, y déploient leurs plus riches couleurs, et embaument l'air de leur parfum. Au milieu de chaque côté est une serre vitrée, et sur les gradins qu'elle renferme, sont des arbustes étrangers dont la variété séduit l'œil et le charme alors qu'il se repose sur leurs couleurs.

Le Pont du Jardin des Plantes a été commencé en 1801. Les culées sont déjà élevées à la hauteur des naissances. Ce pont sera en bois.

— Pont de la Tournelle. Ce pont, solidement bâti en 1656, communique de l'Isle-Saint-Louis au quai de la Tournelle qui est vis-à-vis; l'un et l'autre ont reçu leur nom de la tour carrée que l'on trouve à l'extrémité gauche de ce pont, du côté du midi. Il est composé de six arches. On y a ménagé, des deux côtés, des trottoirs pour éviter aux gens de pied l'embarras des voitures. Ils y ont été rétrécis, en 1777, vers le milieu du pont, pour donner un peu plus de largeur à la chaussée. Sur les éperons des piles de ce pont, sont des niches couronnées d'un fronton.

Des inscriptions gravées sur des tables de marbre noir, placées sur les chefs des première et dernière arches, du côté du levant seulement, annoncent que sa construction a été faite en 1656, du règne de Louis XIV, sous la prévôté d'Alexandre Lêve. Ces inscriptions sont tellement effacées, qu'il n'est plus possible de lire les distiques latins qui sont au bas.

— PONT LOUIS XVI. Ce pont, bâti en pierre, est composé de cinq arches : celle du milieu a quatre-vingt-seize pieds d'ouverture; les collatérales, quatre-vingt-sept; chacune de celles des culées, soixante-dix-huit; sa largeur est de quarante-huit pieds, y compris les trottoirs et les parapets. Les arches sont fermées en portion d'arcs de cercle, et les piles réduites à neuf pieds d'épaisseur pour donner plus de passage à l'eau. Les piles, ainsi que les culées, sont terminées à chaque bout par des piliers circulaires figurant des colonnes.

Ce pont a été élevé sur les dessins de M. Perronet qui, par ses talens, a mérité d'être appelé le Vauban des ponts et chaussées.

FONTAINES.

On compte à Paris soixante-une fontaines, dont vingt-sept donnent de l'eau de la Seine, quelques-unes de l'eau d'Arcueil. Je ne parlerai que des principales.

La fontaine Alexandre, ou fontaine de la Brosse. Elle est placée à l'angle des murs de clôture de l'abbaye de Saint-Victor et de la rue de Seine. C'est l'eau d'Arcueil qui remplit son réservoir. Ce petit monument porte un caractère simple qui fixe l'attention des connaisseurs. C'est une urne soutenue par des dauphins, et posée sur un piédestal. Au milieu est un masque de bronze; deux syrènes accompagnent l'urne qui est surmontée des armes de la ville. Son couronnement était formé par un attique orné d'un fronton brisé, chargé des armes de France. Elles ont disparu.

Santeuil composa pour cette fontaine un distique analogue au voisinage de la bibliothéque de Saint-Victor.

Quæ sacros doctrina exponit domus intima fontes,
Civibus exterior dividit urbis aquas.

— Fontaine de Grenelle. Après la fontaine des Innocens, celle de Grenelle occupe le premier rang. Elle est due au génie sublime de Bouchardon. C'est ce célèbre artiste, qui savait allier la belle simplicité à l'élégance et à la majesté, qui en fit les dessins et les exécuta. Elle fut bâtie en 1739, sous la prévôté de M. Turgot. Cet édifice est formé d'un avant-corps et de deux ailes qui forment un demi-cercle. Toute la base est ornée de refends, et forme un piédestal continu. Sur l'avant-corps du milieu règne un socle de glaçons au-dessus duquel sont trois statues de marbre blanc, grandes comme nature. Celle du milieu représente la ville de Paris, les deux autres le fleuve de la Seine et la rivière de Marne. Derrière, quatre colonnes d'ordre ionique et cannelées soutiennent un fronton triangulaire, et dans son tympan les armes de France ; sur les ailes, dans des niches, sont les quatre Saisons, en pierre de Tonnerre, rendant hommage à la ville de Paris, et lui présentant des productions et des richesses de toutes les saisons. Quatre superbes mascarons fournissent à cette magnifique fontaine l'eau que la Seine y porte.

— Fontaine de Sainte-Géneviève. Cette fontaine, située au haut de la rue de la Montagne de ce nom, donne de l'eau d'Arcueil. Ce fut en 1613 que la reine Marie de Médicis, femme de Henri IV, fit couronner cet aquéduc.

— Fontaine des Innocens. La fontaine des Innocens était jadis au coin des rues Saint-Denis et aux Fers, à côté de l'église des Innocens. Lors de la démolition de ce temple, cette magnifique fontaine a été transportée au milieu du cimetière des Innocens, devenu un marché. Aux quatre faces du soubassement sont quatre carrés qui portent quatre bassins en plomb, de forme antique, avec leurs pattes en forme de lion. Quatre lions égyptiens, moulés à Rome sur ceux de la fontaine de Termini, forment les quatre angles du socle. On y lit deux vers composés par Santeuil, en 1689. C'est à Jean Gougeon que l'on doit la sculpture de cette superbe fontaine qui, sans la disjoindre et par des procédés surprenans, fut transportée toute entière au lieu qu'elle occupe maintenant.

— LA FONTAINE DES AUDRIETTES. Elle se trouve rue du Chaume, au Marais. Elle a été élevée sur les dessins de M. Moreau. Les ornemens sont de Mignet.

— FONTAINE DES CORDELIERS ET DE SAINT-CÔME. Ces deux fontaines sont réunies en face le beau monument de l'École de Chirurgie.

— FONTAINE DES CARMES, place Maubert. Elle fut construite en 1694; Santeuil composa, pour y être gravé, le distique suivant :

Qui tot venales populo locus exhibet escas,
Hic præbet faciles, ne sitis urat, aquas.

— FONTAINE SAINT-MICHEL. En 1684, on démolit la porte Saint-Michel qui se trouvait au haut de la rue de la Harpe. On y construisit sous un arc assez élevé une niche ornée de deux colonnes doriques. Busset en donna les dessins, et c'est de cette niche que s'élance l'eau d'une fontaine sur laquelle on lit les vers de Santeuil, gravés sur un marbre de Dinant.

Hoc in monte suos referat sapientia fontes :
Ne tamen hanc puri respue fontis aquam.

— Fontaine de la Charité. Cette fontaine, située rue Taranne, n'a rien de bien remarquable quant à son architecture; mais on y lit ce distique de Santeuil:

Quem pietas aperit miserorum in commoda fontem,
Instar aquæ, largas fundere monstrat opes.

POMPE A FEU.

Elle est située à Chaillot, au bout du Cours-la-Reine. Sa mécanique est de l'invention de MM. Périer, frères. Tous les connaisseurs en admirent la simplicité. Au mois d'août, 1805, M. Marguerit a fait construire dans l'intérieur de la grande cuve à ébullition des compartimens qui diminuent d'un tiers et plus la quantité du combustible. Cette importante découverte doit être appliquée dans tous les grands établissemens qui la comportent.

PARVIS NOTRE-DAME.

On appelle Parvis, la place qui est devant l'église de Notre-Dame. L'évêque de Paris avait autrefois, dans ce parvis ou place, une échelle patibulaire qui était la marque de sa justice.

— Notre-Dame. (église de) Ce fut sur les

débris d'un temple érigé en plein air à Ésus, ou Jupiter, à Vulcain et à Castor et à Pollux par les commerçans de Paris, sous le règne de Tibère, qu'on éleva la première église qui ait existé à Paris; et ce temple occupait l'emplacement qu'occupe actuellement l'église Notre-Dame. Les pierres chargées de bas-reliefs, et les inscriptions que l'on trouva sous le chœur de l'église actuelle, en y faisant des fouilles en 1711, prouvent cette assertion. Cette première et antique église fut construite sous le règne de l'empereur Valentinien I.er, en 365, et fut dédiée à saint Etienne. En 522, Childebert, fils de Clovis, la fit réparer, y fit mettre des vitres, et l'augmenta d'une nouvelle basilique, qui fut mise sous l'invocation de Notre-Dame. C'est sur les fondemens de ces deux églises, que commença à s'élever la cathédrale, dont la masse imposante a le pied aux enfers et la tête dans les cieux. Robert-le-Pieux, fils de Hugues-Capet, régnait alors.

Ce temple, qui par la construction de son plan, la légèreté de sa construction, la variété de sa composition, étonne les connaisseurs, a été deux siècles à se terminer; il ne fut achevé que du temps de Philippe-Auguste; il a soixante-cinq toises de long sur vingt-quatre de large et neuf de haut, et est soutenu par cent vingt piliers, qui forment une double alíée qui règne dans tout son pourtour, sans comprendre l'espace de quarante-cinq chapelles.

Que le lecteur se transposte en idée dans ce temple magnifique; qu'il embrasse sa voûte et son immense étendue; qu'il soit frappé de sa majesté, et qu'il se pénètre d'un saint respect pour le Dieu qu'on y adore et d'admiration pour les grands hommes dont les burins, les ciseaux, les pinceaux, avaient décoré sa demeure; mais qu'ils ne se détourne pas pour voir ce qu'à pu la main des Vandales. Tout a disparu; tout a croulé. Ce que le temps avait respecté n'a pu résister à leurs coupables efforts; rien n'a été sacré pour eux; ni l'image des bienfaiteurs de l'humanité, ni les portraits des défenseurs de la vérité, ne les ont frappés d'une secrète terreur. Comme des bêtes féroces ils se sont acharnés sur des cadavres; ils ont remué les ossemens des morts; les dépouilles des tombeaux leur ont servi de pâture; la cité de Dieu a été changée en désert; le deuil de la destruction a couvert le tabernacle; l'église de Notre-Dame a été mise à nu. Pendant long-temps les voûtes de ce temple auguste ont retenti des hymnes sanglans de ces cannibales; le soleil a éclairé leurs fêtes grossières et impies; la chaire consacrée à la vérité a été souillée par la présence de plus d'un prétendu philosophe, dont la bouche dégoûtant le blasphème et la calomnie, croyait annoncer la vérité, prêcher la raison, quand elle vociférait contre les plus saintes, les plus anciennes et les plus utiles instructions.

Enfin, leur règne a passé comme une ombre sanglante, et la religion, soutenue de la force et de la prudence, est venue reprendre ses droits augustes et faire un nouveau pacte avec les puissans, pour relever l'ignorance des nations. La liberté des cultes a été proclamée le 18 avril 1802, en présence du chef du gouvernement, et des archevêques et évêques.

—. SAINTE-GÉNEVIÈVE ET LE PANTHÉON. Au neuvième siècle, Clovis, premier roi chrétien, sollicité par son épouse Clotilde, et pour accomplir un vœu qu'il avait fait en partant pour combattre Alaric II, fonda sur le mont *Locutius*, après la bataille de Tolbiac, une église en l'honneur des apôtres saint Pierre et saint Paul, en 507. Clovis mourut en 511, et sa veuve fit achever la construction. Sainte-Géneviève, décédée le 3 Janvier 512, fut inhumée dans la chapelle souterraine de cette église, que les Normands détruisirent dans leurs incursions. On la reconstruisit sur les mêmes fondemens. Les miracles nombreux qui s'opérèrent sur la tombe et par l'intercession de Géneviève, firent donner son nom à l'église, en 1148. Chaque jour ajouta à la célébrité de la sainte, à la vénération des fidèles, et à la richesse du lieu qu'on lui avait consacré. L'autel de l'aimable fille de Nanterre fut long-temps chargé d'*ex-voto* les plus riches, et la châsse qui renfermait ses dépouilles mortelles, brillait de l'éclat de l'or le plus pur, du feu des rubis et des diamans.

C'est dans l'église Sainte-Géneviève que l'on s'inclinait respectueusement devant le buste de René Descartes; ce philosophe savant, ce génie admirable, qui, persécuté long-temps, oublié long-temps, voit aujourd'hui sa tête ceinte d'une auréole immortelle; il mourut en Suède en 1650, âgé de cinquante-sept ans. Dix-sept ans après, sa patrie révendiqua ses restes précieux, et ils furent honorablement déposés dans l'église Sainte-Geneviève. On voyait dans cette église un tableau peint par l'Argillière; il fut donné par la ville de Paris, en 1699, après deux ans de famine. Ce tableau présente une singularité remarquable ; l'Argillière s'y est peint lui-même à côté de Santeuil, que, malignement, il enveloppa de son manteau noir, au lieu de le revêtir de son rochet. Santeuil piqué porta sa plainte au prévôt des marchands ; et nous avons eu avec un beau portrait, avec un effet sublime et pittoresque dans le tableau de l'Argillière, des vers latins où l'on retrouve le génie de Santeuil.

La bibliothèque de Sainte-Geneviève est une des plus belles qu'il y ait en France ; on y compte quatre-vingt mille volumes. Le bâtiment qui la renferme est construit en forme de croix, éclairé au milieu par un petit dôme, dont Bertout père peignit la coupole, en 1730. Le pourtour est orné de quantité de bustes, parmi lesquels on distingue ceux de Jules Hardouin Mansard, du chancelier le Tellier et d'Armand. On y voit aussi un morceau fort curieux, représentant la ville de Rome en relief, exécuté, en 1776, par Grimani. Cette bibliothèque est ouverte tous les jours, excepté le dimanche, depuis dix heures jusqu'à deux. On y voit aussi un magnifique cabinet de médailles.

En 1754, les abbés et chanoines réguliers de Sainte-Geneviève représentèrent au roi que, le bâtiment de leur église menaçant ruine, les fidèles ne s'y trouvaient point en sûreté, et que les revenus de l'abbaye ne pouvant suffire à sa rédification, ils avaient recours à sa piété généreuse. Louis XV chargea son architecte, Soufflot, de lui soumettre des plans. Il en accepta un; et le 6 septembre 1764, ce monarque posa la première pierre de ce temple superbe, qui, s'élançant majestueusement dans les airs, semble porter l'encens des fidèles jusqu'au pied de l'Éternel. Ce monument, qui rivalise avec tous ceux dont Rome s'enorgueillit, l'emporte sur tous ceux que Paris a vus s'élever dans ses murs. Ses travaux, interrompus pendant les guerres d'Allemagne, furent repris en 1784. Il touchait à sa perfection, quand on s'aperçut que plusieurs colonnes, fléchissant sous le poids de la voûte, annonçaient sa chute, et menaçaient tout le quartier d'une ruine prochaine; on s'occupa de l'étayer, et la frayeur semble dissipée.

Le plan de cet édifice représente une croix grecque, de trois cents quarante pieds de long, compris le péristyle, sur deux cent cinquante pieds de large, compris l'épaisseur des murs. Le porche par lequel on entre dans la grande nef, est fermé par vingt-deux colonnes, tant isolées qu'engagées. Les bas-reliefs de l'intérieur, ceux du péristyle et fronton ont pris une âme sous la main de Coustou. Le sommet du dôme, qui s'élève à deux cent vingt pieds, doit être couronné par un piédestal, sur lequel on placera une figure colossale, dont l'exécution a été confiée à M. Houdon.

La façade de ce monument est précédée d'une place dont l'étendue et la décoration, quoique simple, forme une distance convenable pour la perspective. Suivant le plan, on devait percer une rue très-large, dont l'axe prolongé devait aboutir à l'entrée du parterre du Luxembourg. Tel est l'ensemble et les principaux détails du monument que M. Soufflot éleva à la religion, à la gloire de son pays et à la sienne. Depuis long-temps les arts n'avaient été si dignement honorés.

Ce bâtiment a pris le nom de Panthéon; il fut quelque-temps destiné à recevoir les cendres des grands hommes. Jean-Jacques, Voltaire et Descartes y reposent encore. On se souvient aussi que Mirabeau, Marat, y furent déifiés; ainsi que le jeune Barra, le Pelletier Saint-Fargeau.

— Saint-Sulpice. Ce fut en 1646 que, sur les dessins de Louis Levau, on posa la première pierre de cet édifice; ce fut Anne d'Autriche, alors régente du royaume. Il fut terminé en 1733, sous le règne de Louis xv; la première pierre du maître-autel fut posée par le nonce du pape Clément xiii, le 21 août 1732. Cet autel existe encore. Le portail de Saint-Sulpice, le plus vaste et le plus magnifique des églises de Paris, est l'ouvrage du célèbre Servandoni; l'ensemble est d'un effet admirable; l'intérieur est très-beau et d'une architecture noble et gracieuse. La chapelle de la Vierge est un chef-d'œuvre; son plafond représente l'apothéose du pieux curé dont les soins veillèrent si long-temps et si généreusement sur les ouailles qui lui étaient confiées, le vertueux Languet. La manière dont cette coupole est éclairée, est ingénieuse. Henri Salli, horloger et bon astronome, a tracé sur le pavé de l'église Saint-Sulpice une excellente méridienne.

CABINET D'HISTOIRE NATURELLE,

AU JARDIN DES PLANTES.

C'est au soin de M. Buffon que le Cabinet d'Histoire Naturelle doit sa splendeur. Il occupe un vaste bâtiment qui règne sur la rue, appelée la rue du Jardin du Roi, et qui a son autre face sur le Jardin des Plantes. Son entrée s'annonce par une grille. Le premier objet qui se présente est la statue du grand Buffon ; elle a été exécutée par le sculpteur Pajou, qui, donnant un libre essor à son génie, n'a jeté qu'un voile pudique sur le corps de celui dont la main sûre et hardie a soulevé le voile de nature ; à ses pieds sont figurés les trois règnes ; d'une main Buffon tient un stylet, de l'autre une table de marbre sur laquelle il se dispose à écrire ; sur le socle de cette statue on lit ces mots : *Majestati naturæ par ingenium.*

En entrant, la première pièce est consacrée au règne végétal, et contient les bois, les racines, les gommes et résines ; des bois pétrifiés, des fruits des Indes, des plantes dans des agathes, des cannes à sucre, des fougères à pipes, des armes indiennes, différens ouvrages sculptés par les Sauvages et les Caraïbes.

Entre les croisées, sont des feuilles du cocotier des Maldives ; sur les vitraux sont colés des fucus. Le fond de cette pièce est garni des précieux herbiers de Joseph Pitou Tournefort, mort en 1718, et celui de Vaillant, tous deux célèbres botanistes.

Tout ce qui appartient au règne minéral est dans la seconde pièce ; sous cette dénomination sont compris tous les mélanges que la nature travaille dans ses atteliers souterrains, les pyrites, les sels, les bitumes, les soufres, les métaux, les porphyres, les marbres, les diamans, les pierres fines, etc.

En entrant sur la droite, sont les mines d'or, d'argent, de cuivre, d'étain, les pierres précieuses, etc. ; à gauche, les mines de fer, de plomb et d'étain.

Les porphyres, les marbres et les albâtres sont entre les croisées ; et sur les vitraux, des agathes et autres objets transparens. Dans le fond, les pierres de Florence, les schorls, les soufres, les diamans, les asphaltes, les bitumes et autres productions volcaniques.

Dans la troisième salle sont rangés, à droite et à gauche, les coquillages univalves, bivalves et multivalves, divisés par familles. Les insectes et les papillons occupent les entre-croisées. En face est placée l'ornithologie : deux autruches mâle et femelle s'y font remarquer, etc., les oiseaux les plus rares des Indes et de Cayenne ; les colibris, les oiseaux-mouches, etc., au-dessous les œufs et les nids.

On voit dans le fond de cette salle les alcyons, les éponges, les coraux, les lythophites, les madrépores, les zoophites. Dans la quatrième et dernière salle, à gauche, les étoiles de mer ; à droite, les oursins et surtout un superbe insecte de Chandernagor, nommé le richardet.

A droite de cette salle on voit la partie anatomique. Plusieurs de ces objets sont injectés, d'autres sont en cire. On y voit des fœtus humains de tous les âges, d'autres d'une monstruosité étonnante ; un enfant à deux têtes, quatre bras, quatre cuisses et quatre jambes, mais dont les corps sont réunis par le même abdomen. Cet enfant a vécu quelques jours ; il est conservé dans un bocal, etc. Viennent ensuite les singes et quelques quadrupèdes ; puis les différens ivoires d'éléphans ; d'autres ivoires de morses, hyppopotames, narvals, cachalots, etc. Au-dessus des roussettes, un pangolin, un tamanoir, un couguar, un tigre, un tapyr, un fœtus d'hyppopotame, une gazelle, etc. Ensuite les diverses espèces de lézards, les vipères et les serpens.

On voit avec plaisir, sous une grande cage de verre, un zèbre et différentes espèces de poissons desséchés. Sur les côtés de cette cage, en dehors, sont des fanons de baleines, etc. Près la croisée, des mâchoires de requin, de chiens de mer, de raies, etc. De l'autre côté de cette cage, différens poissons conservés dans des bocaux.

Dans une magnifique galerie, on a placé tous les squélettes des animaux dont Buffon a écrit l'histoire. C'est à Daubenton que l'on doit l'ordre et la distribution de ce magnifique répertoire de toutes les productions de la nature.

Depuis quelques années ce cabinet s'est accru considérablement par les choses précieuses et rares que les savans ont recueillies en Italie et en Égypte.

JARDIN DES PLANTES.

Guy de la Brosse, médecin de Louis XIII, engagea ce monarque à établir un jardin destiné à recevoir toutes les plantes étrangères et autres. En 1626, le cardinal Richelieu prit cet établissement sous sa protection. Mazarin et Colbert ne négligèrent rien pour lui donner toute l'extension dont il était susceptible, et n'oublièrent rien de tout ce qui pouvait contribuer à rendre ce jardin utile et agréable. En 1640, Guy de la Brosse donna une première leçon publique. On négligea, pendant quelque temps le jardin. Valot et Fagon le repeuplèrent d'une grande quantité de plantes, et dont le nombre, en 1615, se montait à plus de quatre mille; il prit alors le titre d'*Hortus Regius*, jardin royal. En 1699, le premier médecin du roi en était de droit surintendant. En 1718, le régent la donna à Chirac, ce Chirac dont la réputation fut si justement établie, que Silva disait de lui : « C'est à M. Chirac qu'il appartient d'être lé- » gislateur en médecine ». Il avait souvent averti le régent de se faire saigner, pour parer aux attaques d'apoplexie dont ce prince illustre était menacé, deux jours encore avant qu'il en fût frappé; mais il n'en voulut point tenir compte, et il périt à l'âge de quarante-neuf ans dans les bras de la duchesse de Phalaris.

En 1732, le roi nomma Dufay, de l'académie des sciences, pour être à la tête du Jardin Royal; et, en 1739, il nomma, pour remplir cette place, Leclerc de Buffon. Ce fut sous la direction de cet homme savant que le Jardin des Plantes devint la plus riche, la plus nombreuse et la plus précieuse collection des minéraux et végétaux de l'Europe. Tout entier à l'histoire naturelle, M. Buffon ne négligea rien pour l'écrire avec méthode et clarté; aussi l'a-t-on surnommé le Pline français. Pline avait comparé l'homme et la bête, et l'avantage était resté à cette dernière. Buffon peignit l'homme, et l'éleva au-dessus de tous les êtres créés. Son ouvrage immortalise son nom; et si Buffon fut le premier naturaliste de son siècle, il en fut encore un des écrivains les plus célèbres.

On a reproché à Buffon d'avoir,

De loin et sur la foi d'une vaine peinture,
Par ses ambassadeurs constitué la nature.

Sans doute qu'un génie pareil au sien aurait fait plus et de plus grandes choses, s'il avait pu voir par ses yeux, qu'en parcourant le nombre prodigieux de mémoires qu'on lui adressait sur les divers objets qu'il avait à traiter. Buffon avait feuilleté tous les ouvrages des naturalistes. Buffon avait saisi le grand plan de son entreprise ; il en avait conçu la sublime architecture du monument qu'il voulut élever au créateur en parlant de la créature ; et si Buffon n'a pas employé dans sa construction tous les matériaux qu'il pouvait placer, il a placé tous ceux qui peuvent en assurer l'éternelle durée ; et le nom de Buffon se liera toujours aux idées justes du beau, du grand, du sublime.

Sans doute ses systèmes ont trouvé des contradictions. Plusieurs ont été victorieusement réfutés, d'autres ont été détruits ; mais aussi les nouvelles conquêtes des Français, les richesses qu'ils ont apportées des pays soumis ou vaincus, les recherches savantes faites sur les lieux, devaient nécessairement fournir des armes pour combattre Buffon. Buffon aura laissé un temple ouvert où ses successeurs pourront placer le fruit de leurs travaux. Le temps et l'expérience l'embelliront, l'orneront, le décoreront, et le tout étendra le domaine des arts.

Ce fut au jardin des Plantes que les Jussieu, les Antoine, le Bernard, les Daubenton, les Lacépède, les Cuvier, les Geoffroy, les Fourcroy, ont donné, et quelques-uns donnent encore des leçons savantes ; c'est là qu'ils déroulent le voile de la nature que Buffon a su lui arracher ; c'est dans la bouche de ces grands hommes que le langage de la philosophie est pur, entraînant. Ce sont les ministres, les confidens de la nature qui dictent ses volontés, expliquent ses mystères, et forcent l'homme à déposer son ridicule orgueil devant le plus simple atome, devant l'herbe qu'il foule insolemment à ses pieds. C'est en écoutant les savans que l'on est fier de les entendre, qu'on s'estime plus heureux encore de les connaître, et qu'on sent toute la dignité et la toute-puissance de l'ordonnateur des mondes.

On démontre, au Jardin des Plantes, la botanique, la chimie, l'anatomie et la chirurgie.

Le Jardin des Plantes se divise en haut et bas jardin ; le premier était une monticule qu'on appellait le champ ou la butte des Coupeaux, que dominait un moulin à vent ; on parvient au sommet de cette éminence, par une allée en spirale, d'où la vue se promène et plonge sur tout Paris, que l'œil embrasse. Buffon y a fait placer une très-bonne méridienne. Verniquet, architecte du Jardin, a fait poser sur le haut de cette monticule un très-bon massif en maçonnerie, sur lequel on a placé un kioste de forme circulaire de treize pieds de diamètre sur vingt-cinq de haut. Cet ouvrage en fer et revêtu de cuivre, est l'ouvrage de Mille, serrurier mécanicien; le dessous de ce kioste, entouré d'un appui, forme belvédère; huit lances servent de piliers et supportent un couronnement pyramidal. On y lisait cette inscription, que la vérité inspira à son auteur:

Dùm lumine et calore sol mundum vivificat, Ludovicus XVI sapientiâ et justitiâ, humanitate et munificientâ undiquè radiat M. DCC. LXXXVI.

La corniche est surmontée d'un amortissement avec panneaux en mosaïque à jour; au-dessus, une lanterne composée de petites colonnes avec arcades, et dans la frise de la corniche l'inscription suivante:

Horas non numero nisi serenas.

Le tout est couronné d'une sphère armillaire posée sur un piédouche. Dans cette sphère, toute à jour, est suspendu le globe de la terre; il sert de tambour pour annoncer midi, en frappant douze coups sur un tambour chinois, fondu en cuivre d'un seul jet, qui y forme timbre, et dont le son est entendu au loin ; ce marteau est mis en mouvement, à l'heure précise de midi, par un contre-poids lâché par la détente ou rupture d'un fil de crin brûlé par le foyer d'un loupe posée sur l'amortissement de la première corniche ; cette loupe, inclinée aux diverses hauteurs du soleil, a son axe exactement placée au midi. Ce mécanisme ingénieux se remonte aisément tous les jours, avec la plus grande facilité, en y substitutant continuellement un nouveau crin ou un nouveau fil.

Derrière les serres-chaudes, au pied de cette monticule, on voit le cèdre du Liban. Grands nombres d'embellissemens du Jardin des Plantes sont dus aux soins de Buffon, ainsi que son agrandissement, qui le prolonge jusqu'au quai. Cette partie est remplie, au midi, par un bosquet d'arbres dont les tiges s'élèvent au-dessus de douze pieds. Ce bosquet est divisé en quatre quarrés ; le premier contient tous les arbres verts ; le deuxième les arbres fleurissant ou donnant quelqu'agrément par leur feuillage, leurs fruits ou leurs fleurs pendant l'automne ; le troisième est composé de tous les arbres fleurissant l'été ou donnant un abri commode ; le quatrième, les arbres que le printemps couronne de verdure.

La partie du nord est divisée de même; dans le premier carré sont les arbres du printemps; dans l'autre, une transplantation pour les arbres étrangers ; dans celui-ci, une pépinière de transplantation pour les arbres indigènes ; dans le quatrième, pour les arbres toujours verts.

La partie du milieu, divisée comme les deux premières, offre un vaste creux carré, dont le fond, se trouvant au niveau de la rivière, forme un bassin ; les talus de ce creux, disposés en gradins, forment autant de plates-bandes où sont cultivées toutes les espèces de plantes aquatiques ; et on voit sur la pièce d'eau se balancer le cygne, le canard et les autres volatiles familières ; les plantes vivaces exotiques et indigènes en usage dans les arts, sont dans la seconde partie. Dans la troisième, toutes les plantes vivaces propres à la pharmacie des pauvres. La quatrième est un parterre avec deux pièces de gazon qui annoncent l'entrée du jardin. Du côté de la rivière, sur la droite, on voit de petites loges où sont enfermés des lions, des tigres, des léopards, et autres animaux curieux ; on y voit aussi des oiseaux voraces. Derrière l'amphithéâtre d'anatomie, on voit l'éléphant sur la gauche du bassin dont j'ai parlé ; un parc où sont des dromadaires, des chameaux, des cerfs, des biches, etc. Ce jardin, qui contient plus de quarante arpents, fournit une promenade aussi agréable qu'utile : c'est l'univers en miniature. Les naturalistes et les amateurs de la botanique y trouvent, non-seulement toutes les espèces possibles d'arbres et d'arbustes, mais encore toutes les plantes indigènes et exotiques les plus rares et les plus curieuses, dont parties sont cultivées dans des serres-chaudes et vitrées. La collection a été augmentée considérablement par Dombey, naturaliste du roi, qui, ayant voyagé pendant dix ans au Pérou et au Chili, en avait rapporté un grand nombre de végétaux aussi rares que précieux.

On admire toujours au Jardin des Plantes deux cierges du Pérou, qui ont trente pieds de haut, et fleurissent abondamment tous les ans ; cette plante n'a point de feuilles, sa tige anguleuse et cannelée est garnie de paquets de piquans. Ce fut sous la surintendance de Fagon que celles dont je parle furent plantées.

On vend, à la porte du Jardin des Plantes, une notice de tous les objets qu'il renferme.

PALAIS ARCHIÉPISCOPAL.

Le Palais Archiépiscopal est situé au côté méridional de l'église cathédrale. La porte de la première cour est décorée de deux colonnes ioniques, surmontées d'un fronton demi-circulaire. Le bâtiment présente une belle façade; ce fut Louis XV qui le fit construire. Slodtz en a sculpté l'extérieur et l'intérieur. La situation du palais qu'habite le prélat est magnifique; placé sur le bord de la rivière, la vue s'étend au loin du côté du levant. En 1697, le cardinal de Noailles y fit faire des augmentations considérables. Ses successeurs ont suivi son exemple. Beaumont y fit bâtir, sur les dessins de Desmaisons, architecte, un grand escalier que les connaisseurs estiment beaucoup.

Dans le pavillon que l'on trouve à droite de l'avant-cour de l'archevêché, dans une grande salle au troisième étage, est placée la bibliothèque des avocats. Ce fut Etienne Gabriau, seigneur de Riparfons, l'un des plus célèbres jurisconsultes de son temps, qui, en 1704, la légua à ses confrères, avec des fonds pour l'entretenir et la rendre publique.

Autrefois on faisait à cette bibliothèque des

consultations gratuites pour les pauvres. L'académie de législation paraît avoir adopté les bases de l'établissement de la bibliothéque des avocats.

CORDELIERS DU GRAND COUVENT.

Saint-François d'Assise en Ombrie est l'instituteur des frères mineurs, vulgairement appelés cordeliers, à cause de la ceinture de corde qu'ils portent à l'exemple de leur fondateur. Saint François d'Assise eut beaucoup de peine à faire approuver par les papes la règle qu'il avait établie. Enfin, Innocent III, en 1220, leur délivra les bulles. François envoya en France quelques-uns de ses disciples; ils éprouvèrent beaucoup de contrariétés de la part des moines de Saint-Germain-des-Prés, qui virent avec peine arriver une nouvelle colonie de mendians. Rien n'importune davantage l'opulence, que l'aspect et le voisinage de la misère; je dis misère apparente, car on sait quels biens possédoient ces pauvres cordeliers, et de quelles seigneuries leur humilité était pourvue. Les conditions que leur imposèrent messieurs de Saint-Germain, étaient aussi sottes que ridicules; ils ne voulaient pas que les cordeliers possédassent d'autel consacré, et n'eussent ni cimetière ni cloches. Les cordeliers, sans doute pour prendre en patience leurs maux, s'amusèrent à disputer très-sérieusement sur la forme et la couleur de leurs habits; il parut dans le temps, des ouvrages lardés de la plus profonde érudition, pour prouver à l'univers que le capuchon d'un cordelier devait être rond plutôt que pointu.

Plut à Dieu que, toujours roulant dans ce cercle de disputes, ils n'en fussent pas sortis pour s'armer des poignards de l'intolérance, et ensanglanter le trône et l'autel. Les religieux de Saint-Germain se relâchèrent un peu de la sévérité avec laquelle ils avaient traité les nouveaux venus, et leur permirent de carillonner et de dire messe. Ce procédé honnête leur valut de grosses récompenses de la part de Saint-Louis, protecteur né de la gente monastique. Ce monarque fit bâtir l'église des Cordeliers d'une partie de l'amende de dix mille livres, à laquelle fut condamné Enguerrand de Couci, pour avoir osé faire pendre, sans nulle forme de procès, trois gentilshommes flamands, étudians à l'abbaye de Saint-Nicolas-au-Bois, et qui, en chassant, avaient poursuivi leur gibier jusque sur les terres d'Enguerrand. Plusieurs grands personnages se réunirent, et dotèrent généreusement la maison des Cordeliers. L'esprit de cagoterie et de dispute parut avoir élu domicile chez les frères cordeliers, et se complaire dans leur cloître. Je lis dans une histoire de Paris, qu'en 1401 le provincial des cordeliers fit bâtir des écuries dans le couvent; les religieux étrangers qui s'y trouvaient, blâmèrent hautement sa conduite, comme contraire aux statuts de l'ordre. Les religieux français avançaient que le provincial avait raison de vouloir une écurie. Le feu de la discorde échauffait toutes les têtes : A mort tous les Français ! crièrent les étrangers ; ces mots furent le signal du combat. Les bons pères s'égorgeaient pour une écurie ; l'alarme était au quartier ; le roi fut obligé d'envoyer des troupes pour faire cesser la bataille cordelière. Les moines fermèrent leurs portes aux soldats qui les enfoncèrent. Alors toute la fureur des moines se tourne contre les militaires; ils en tuent et blessent beaucoup ; mais, accablés par le nombre, ils prennent la fuite et franchissent les murs de la ville. On en saisit quatorze dans les fossés ; cinq ont le bonheur de s'échapper : on s'empare également de vingt autres restés dans le couvent, et on les conduit tous en prison où ils furent jugés par des juges au criminel. Une autre fois ils se divisent en deux sectes : d'un côté les frères spirituels, de l'autre, les frères conventuels : il s'agissait de greniers et de caves que les spirituels soutenaient être contraires à la règle de saint François. Les moines agitèrent ensuite la question de savoir si les habits dont ils étaient vêtus, si le pain qu'ils mangeaient leur appartenaient en propriété. Croira-t-on que le pape Jean XXII décida que oui, et que les cordeliers soutinrent que non ? Le pape, indigné de leur opiniâtreté, excommunia les cordeliers, fit incarcérer les pères Bona-Gratia, leur député ; Occam, patriarche des nominaux; et Michel de Cesène, général de l'ordre, et les déposa. Toutes ces persécutions n'empêchèrent pas ces anges de paix de soutenir, comme des beaux diables, que les habits et le pain qu'on leur avait donnés ne leur appartenaient pas.

Un siècle après, en 1502, les cordeliers jouèrent un rôle bien plus distingué ; ils ne se battirent plus pour une écurie ; ils ne se virent plus traînés en prison comme des criminels : ils accordèrent leur protection à ce même parlement qui les avoit condamnés ; et Gilles Dauphin, alors général de l'ordre, accorda pour grâce spéciale aux membres de cet illustre corps l'honneur d'être enterrés en habits de cordeliers.

Si les cordeliers se sont montrés jusqu'ici des paladins, des disputeurs, des mutins et des protecteurs, on va les voir galans et courtois. L'Étoile dit qu'en 1577 une jeune fille fort belle, déguisée en homme, et qui se faisait appeler Antoine, fut découverte et prise dans le couvent des Cordeliers. Elle servait entr'autres frère Jacques Berson, qu'on appelait l'Enfant de Paris et le Cordelier aux Belles Mains. Ces révérends pères disaient tous qu'ils croyaient que c'était un vrai garçon, on s'en rapporta à leur conscience. Quant à cette fille-garçon, elle en fut quitte pour le fouet, qui fit grand dommage à la chasteté de cette honnête personne qui se disait mariée, et qui, par dévotion, avait servi dix ou douze ans ces bons religieux sans jamais avoir été intéressée en son honneur.

Trois ans après l'aventure de la jeune cordelière, un accident fâcheux vint désoler les bons pères : le feu prit dans le chœur par l'imprudence d'un moine ; l'incendie devint si furieux et si rapide, qu'en un moment toute l'église brûla; les cloches même tombèrent en fusion. La flamme n'épargna que quelques tombeaux et la façade du côté du couchant. Henri III fit bâtir une nouvelle église; le chœur fut rebâti en 1582, et le maître-autel en 1585. Le célèbre historien Christophe de Thou fit rétablir à ses frais, en 1616, la nef et les bas côtés. Jacques-Auguste de Thou, son fils, l'acheva la même année, sous le règne de Henri IV.

L'église des Cordeliers avait trois cent vingt pieds de longueur sur quatre-vingt-dix de largeur; elle a été abattue, et cela donne à l'École de Médecine plus de relief. Sur son emplacement on construira une place digne de ce superbe monument. L'église des Cordeliers présentait peu de chefs-d'œuvres en sculpture et en peinture. On faisait cas du tombeau d'Albert Pio, prince de Carpi; il était représenté à demi-couché sur son tombeau, tenant dans sa main un livre; il avait la tête couverte d'un casque, ce qui annonçait qu'il était homme d'épée et de cabinet. Il fut effectivement l'un et l'autre. Après avoir été dépouillé de ses états par le duc de Ferrare, il se fit auteur, et mourut pauvre sans doute. Il eut, selon la coutume dont j'ai parlé plus haut, l'insigne honneur d'être enterré en habit de cordelier. Érasme fit, dans le temps, une satire à ce sujet, sous le titre d'*Exequiæ Seraphicæ*, l'Enterrement Séraphique. Marot n'a pas plus épargné ce prince Pio qui, dit-il, se fit moine après sa mort.

On y voyait le tombeau du beau Forlick, colonel suisse sous Charles IX, et qui empêcha que ce prince ne fût assailli par les huguenots. Hélas! ce brave homme aurait épargné bien du sang et de la honte aux Français, s'il eût moins bien rempli ses devoirs....... Celui de François de Belle-Forest, auteur des Annales de France, d'une Cosmographie et d'autres ouvrages faits trop à la hâte, et dénués de l'intérêt qu'ils demandaient; d'Alexandre de Ales ou de Hales, dit le Docteur Irréfragable. Dans l'épitaphe qu'on lisait sur la tombe de ce docteur anglais, il est qualifié de Lumière du monde, de Fleur des philosophes, de Fontaine de vérité, etc. De Ales fut le maître de saint Thomas et de saint Bonaventure.

Dans une chapelle, derrière le chœur, on voyait plusieurs tableaux très-anciens. Dans l'un d'eux on distinguait un cordelier, armé d'un crucifix, et marchant à la tête d'une troupe de soldats. Les cordeliers ne furent pas moins prévoyans que les autres moines : leur couvent fut un de ceux qui furent trouvés abondamment pourvus de vivres pendant le siége de Paris, en 1590. Dix mille bourgeois et soldats étaient morts de faim ; les habitans mangeaient la paille, les vieux cuirs, les animaux les plus immondes ; plusieurs broyèrent les ossemens des morts pour en faire de la pâte ; une femme, dit-on, dévora son propre fils ; la mort et la faim moissonnaient les pauvres Parisiens : et les moines regorgeaient de blé, de biscuit, de viandes salées et de légumes ! Sauval dit que l'on allait voir par curiosité, chez les cordeliers, une marmite d'une grandeur immense, et un gril porté sur quatre roues, qui pouvait faire rôtir une mannequinée de harengs.

Plusieurs familles illustres avaient leur sépulture aux cordeliers. De ce nombre, celle des Lamoignon Malsherbes. Pigal y avait élevé le tombeau de l'abbé Gougenot : sur un socle de marbre blanc, on voyait le buste de cet abbé, et derrière, les attributs de son état et de ses talens, avec un médaillon de marbre de même couleur que celui du socle. Les portraits de ses père et mère y étaient représentés. Le tableau du grand-autel, représentant une Annonciation, était dû au pinceau de M. Vien.

L'académie française faisait célébrer, dans une chapelle aux Cordeliers, les services pour le repos de l'âme de ses confrères.

L'ordre de Saint-Michel, fondé à Amboise par Louis XI, en 1469, tenait ses assemblées dans une des salles de ce couvent, en présence d'un chevalier commandeur des ordres du roi.

Le musée de Paris, établi en octobre 1780, tint aussi ses séances publiques aux Cordeliers.

La bibliothèque des Cordeliers était très-considérable, et remplie de manuscrits très-précieux.

L'église des Cordeliers a reçu dans son sanctuaire, pour être offert à la vénération des cannibales et d'un peuple frappé de terreur, les restes impurs de Marat !!! Les bâtimens des Cordeliers renferment un dépôt littéraire qui sert à alimenter les bibliothéques nationales et celles des autorités premières du gouvernement français.

PETITS AUGUSTINS.

En 1589, lorsque Henri IV assiégea Paris, on appelait Grand Pré le terrain où sont maintenant les rues Jacob, du Colombier, des Marais ; ce bon roi y campa avec une partie de son armée. Le mercredi, 1 novembre, à la faveur d'un brouillard qui s'éleva, Henri surprit les faubourgs Saint-Jacques et Saint-Germain ; et, sur les sept heures du matin, il se fit faire, au faubourg Saint-Jacques, dans la salle du Petit Bourbon, à présent le Val-de-Grâce, un lit de paille fraîche sur laquelle il reposa environ trois heures. Ce même jour, ayant envie de voir Paris à découvert, il monta au haut du clocher de Saint-Germain-des-Prés. Le vendredi 3 novembre, n'ayant pas reçu l'artillerie nécessaire pour battre la ville, il sortit des faubourgs, et demeura en bataille depuis sept heures du matin jusqu'à onze, pour attirer le duc de Mayenne hors des portes : mais personne ne sortit.

En 1609, Marguerite de Valois, première femme du roi Henri IV, établit la maison des Petits-Augustins pour des augustins déchaussés. Elle leur fit bâtir une chapelle dont la coupe, d'un goût architectural nouveau, parut un progrès rapide que l'art avait fait. L'affection que cette reine avait prise pour ces moines, se rallentit au bout de quatre ans ; elle les prit tellement en aversion, qu'elle les força de quitter leur asile, sous un prétexte aussi frivole que ridicule. Elle voulait forcer ces moines à chanter les hymnes et les cantiques religieux, sur des airs faits par son ordre. Ils refusèrent, soit qu'ils ne sussent ou n'aimassent pas la musique.

La reine remplaça ces religieux par d'autres de la réforme du père Rabache, en 1615.

On voyait dans cette église les tombeaux de MM. Le Boulanger, dont la famille illustra long-temps les premiers emplois de la magistrature, sous le nom de Montigni. Jean de Montigni fut premier président du parlement de Paris, depuis 1471 jusqu'en 1481, pendant une grande famine qui désola les habitans de Paris : ce vertueux magistrat fit distribuer aux pauvres une si grande quantité de pain, que le peuple lui donna le surnom de Le Boulanger, surnom bien honorable et bien préférable sans doute au titre de conquérant, qui souvent n'est que l'équivalent plus convenu d'usurpateur. Le petit père André, si connu par l'originalité de son esprit, descendait de cette famille. On connaît ses sermons, et l'on sait quelle réputation d'orateur leur facture et leur débit qu'il assaisonnait de réflexions, de traits impromptus, lui donnèrent. Le petit père était de la maison des Petits-Augustins. Il y mourut, en 1657, âgé de soixante-quinze ans; il y fut inhumé, mais sans aucun signe extérieur de distinction.

Après avoir décrété que les biens du clergé appartenaient à la chose publique, ceux qui la dirigeaient alors, chargèrent leur comité d'aliénation de veiller à la conservation des monumens des arts qui se trouvaient dans leurs domaines. La Rochefoucault, qui le présidait alors, fit choix de savans et d'artistes pour désigner les monumens et les livres qu'il voulait conserver.

La ville de Paris, voulant aussi de son côté donner une preuve de son amour pour les arts, nomma aussi des hommes distingués pour être adjoints à ceux du comité d'aliénation, et pour assister à leurs opérations. Ils se formèrent sous le nom de Commission des Monumens. On s'occupa ensuite du soin de chercher des asiles convenables pour y recevoir ces précieuses richesses, enfans immortels des grands hommes célèbres par leurs savantes veilles, leurs burins, leurs ciseaux et leurs pinceaux. La maison des Petits-Augustins fut désignée pour les monumens de sculpture et les tableaux; celles des Capucins Saint-Honoré, des Grands-Jésuites, rue Saint-Antoine, et des Cordeliers, pour les livres, manuscrits, etc. La commission publia une instruction sur les moyens de conserver les objets qu'elle voulait recueillir. M. Le Noir fut choisi pour être le gardien des monumens des arts rassemblés rue des Petits-Augustins. M. Le Blond, célèbre antiquaire, le servit dignement de son zèle et de ses conseils dans leur distribution et leur classification. Le comité d'instruction publique créa aussi une commission composée de gens de lettres et d'artistes distingués en tous genres, pour surveiller les travaux, et s'associer à la gloire de conserver les monumens.

On vit bientôt sortir de ce foyer des torrens de lumière qui éclairèrent les ombres dont s'enveloppaient les barbares qui portaient partout la destruction, et qui arrêtèrent leurs efforts impies et sacriléges. Quelques chefs-d'œuvres qu'ils faisaient crouler, furent arrêtés dans leur chute. Les magnifiques mausolées de Louis XII, de François I.er et de Henri II, sortirent des décombres de l'abbaye de Saint-Denis, à moitié mutilés. Leurs précieux restes furent religieusement recueillis et restaurés. L'abbé Grégoire, dans un savant rapport, tonna contre le vandalisme, frappa d'anathème les méchans, fit un appel à l'honneur français, dont le feu sacré reposait encore comprimé dans le cœur de quelques âmes honnêtes, et il força les provinces à suspendre le levier déjà placé pour ébranler jusque dans leurs fondemens ces masses imposantes que la piété avait consacrées, que l'amour, que la bienfaisance avaient élevées. Long-temps on s'opposa aux transports des monumens du moyen âge. La patience et le zèle triomphèrent de l'aveugle obstination de quelques hommes perfides, et leur collection forme aujourd'hui les deux premiers siècles du musée de la rue des Petits-Augustins. Que de pertes irréparables pour le siècle et la postérité ! Des armes, des vêtemens, des ustensiles que l'on trouva à l'exhumation des cadavres de l'abbaye de Saint-Denis, furent portés à la Monnaie, et fondus. Tous ces objets pouvaient servir à la chronologie. Il est de la destinée de Henri IV de vivre éternellement dans les cœurs, et de braver encore les outrages du temps. Le corps du vainqueur à Ivry, fut trouvé tel qu'il avait été enseveli. J'ai vu le visage de ce grand homme, dont les traits pleins de bonté, de majesté, ne frappèrent pas de respect son assassin ; j'ai vu la touffe de barbe qui garnissait son menton ; j'ai vu tant de souvenirs profanés et rejetés dans une terre avare ; mais..... Cette digression, poussée plus loin, me rappellerait des noms voués à l'opprobre des nations, et je les honorerais trop en les écrivant à côté de l'amant de Gabrielle. Une réunion nombreuse des monumens de tous les siècles fit naître à M. Le Noir l'idée d'en former un musée particulier, historique et chronologique, où l'on retrouverait les différens âges de la sculpture française dans des salles particulières, en donnant à chacune la physionomie du siècle qu'elle doit représenter. Il en proposa le plan, il fut accepté.

Le ministre de l'Intérieur nomma M. Peyre jeune, architecte, pour surveiller les constructions des bâtimens. Cet artiste a justifié le choix que l'on a fait de ses talens pour cette grande exécution ; il restaura les monumens ; distribua les siècles ; rendit à chacun leur style, leur couleur ; imprima aux murailles même le caractère, le vernis d'antiquité propre à fondre les teintes, à rendre la vérité des portraits; et, pour la première fois, en 1798 au mois d'août, on fit l'ouverture du Musée des Monumens français, et l'on publia en même temps leur histoire chronologique. Quatre siècles s'offrirent aux regards curieux des connaisseurs et des amateurs. Le tombeau de François I.er reprit son antique beauté; le sculpteur Beauvallet rétablit des détails intéressans. M. Lenoir ne borna pas son zèle actif à présenter ces objets; il voulut encore que ce grand œuvre eût un frontispice digne de lui; il établit une salle d'introduction pour servir, pour ainsi dire, de vestibule à son Musée. Il contient les monumens de tous les siècles, chronologiquement placés; et l'œil de l'artiste, qu'enflamme l'amour des arts et qui en devine les âges, embrasse en un instant leur enfance chez les Goths; leurs progrès sous Louis XII; leur perfection sous François I.er; leur décadence imposante. Sous Louis XIV, leur restauration, leur accroissement; leur sévère splendeur vers la fin de notre siècle. M. Peyre a donné les plans pour la décoration de cette salle. L'ordre, l'art, la teinte magique que M. Le Noir a mis dans la distribution de ce musée, lui font le plus grand honneur. Il semble qu'il ait relevé les siècles, qu'il les soutient sur l'abîme. Sa main les a rangés chacun à leur place; son génie leur défend de tomber en confusion. Pour connaître leurs arts, leurs grands hommes, leur savoir et leur ignorance, l'homme s'avance dans les siècles passés. Dans un vaste caveau dont les voûtes en arêtes sont parsemées d'étoiles, et faiblement éclairées par des croisées gothiques, sont couchés ces princes fainéans qui séparèrent Clovis de Charles-Martel; ce conquérant les laisse à sa droite, et voit à sa gauche ses descendans arrivés jusqu'à Hugues-Capet. Depuis Robert, les tombeaux descendent jusqu'à Philippe III qui ferme la porte du caveau, comme Clovis semble l'ouvrir. M. Le Noir a donné à ce caveau le titre générique de Treizième Siècle, parce qu'il termine en effet la liste des tombeaux qui y sont renfermés, quoiqu'il contienne les effigies des personnages vivans dans le commencement du sixième jusqu'à la fin du treizième; mais on sait que ces cénotaphes avaient été érigés dans le treizième siècle par Louis IX. Le *tempus edax* a rongé presque toutes ces figures, dont aucune n'est de marbre. En sortant de ce caveau, on entre dans le cloître, où l'on retrouve encore les siècles promenant le mépris des arts sur les tombeaux des grands hommes et des femmes célèbres de ces temps reculés.

En arrivant à la salle d'Introduction, on aperçoit les Valois se cacher dans des chapelles obscures, jusqu'à ce que Léon x fasse sortir François I.er de la poussière, et avec lui, les marbres, les colonnes, les arts et la gloire. La scène change, le deuil se revêt de sa lugubre majesté. Au milieu de ces colonnes d'albâtre, de jaspe, de porphire, augustes orphelines des tabernacles renversés, semées comme au hasard dans ce temple qui n'offre plus à la piété que le culte des souvenirs, l'habile ciseau du statuaire a laissé sur ces figures l'histoire des caractères. On retrouve sur la bouche de François I.er le touchant adieu qu'il fit à Léonard de Vinci; on revoit cette main qui distribue avec grâce des trésors aux artistes et aux savans que sa bonté protége. La mort est paisible sur le sein de Henri II; elle est touchante dans les yeux humides de ce jeune François II. Un obélisque renferme le cœur de cet enfant; il a survécu aux convulsions des empires. L'immortalité est faite pour l'innocence. Catherine de Médicis a pour toute couronne ses cheveux hérissés. Louis XIII, Louis XIV, sont prosternés devant Dieu. Le vainqueur de La Rochelle, et le conquérant de l'Europe, combent le front humilié devant le Créateur qui forma les mondes. On admire le tombeau de Richelieu ; il semble dominer encore sur tant de monarques étendus près de lui. De quel sentiment noble et sublime on est pénétré quand on entre dans une autre salle vaste, spacieuse, éclairée et décorée avec autant de soin que de goût. Je vois sur les attiques de ses portes cette inscription : ÉTAT DES ARTS DANS LE DIX-HUITIÈME SIÈCLE ; ne valait-il pas mieux écrire : ÉTAT DES VERTUS AU DIX-HUITIÈME SIÈCLE. Turenne, Montausier, Colbert, Molière, Corneille, Racine, je vois vos bustes adorés, je vois vos mausolées, je vois vos marbres sacrés ; la simplicité qui les composa, l'emporte sur la richesse du tombeau des rois ; ils asservirent la terre, ils la dévastèrent ; vous l'avez instruite, honorée, anoblie par vos préceptes, par vos vertus, par vos travaux. Le souvenir des grands fatigue l'âme ; le souvenir des bons la console. On approche en tremblant du mausolée des monarques, il inspire la terreur, il impose le respect ; la tombe de l'homme probe, du savant, commande l'admiration, la vénération : l'œil se fixe avec étonnement sur le sarcophage des conquérans; il se mouille des larmes du sentiment à l'aspect de l'urne qui renferme les cendres d'un héros modeste, de l'écrivain qui peignit la nature, qu'il sut toujours prendre pour guide : on quitte sans peine la demeure des rois ; on ne peut s'arracher de l'asile où repose la bienfaisance : on reste immobile en contemplant des marbres orgueilleux ; on soulève la pierre qui dérobe le juste à nos regards, à notre amour.

Après cette suite chronologique de statues en marbre et en bronze, bas-reliefs et tombeaux des hommes et des femmes célèbres échappés aux vautours de 1793, on trouve un monument égyptien vu sur les deux faces, puis des tombeaux antiques apportés en France par M. Nointel, ambassadeur, qui avait voyagé, pour Louis XIV, dans la Grèce et dans l'Archipel, et plusieurs statues antiques données à François I.er, par Strozzi. Les monumens élevés à Condé, à Bignon, à Lulli, à Lebrun, à Mignard, et à d'autres peintres, poëtes et philosophes, attachent les regards, ainsi que les chefs-d'œuvres des Coustou, des Bouchardon, des Pigale. Crébillon, Maupertuis, Chevert et Caylus ornent le musée des Petits-Augustins.

Il fallait un rendez-vous à quelques marbres épars, il fallait un point de ralliement pour les restes des grands hommes qui appartiennent à tous les siècles. M. Le Noir a conçu le projet d'un Élysée, et le jardin du couvent des Petits-Augustins lui a fourni les moyens de l'exécuter. Dans cet asile on voit plus de quarante statues : des tombeaux, posés çà et là sur une verte pelouse, s'élèvent avec dignité au milieu du silence, et sous des voûtes de pins, de peupliers. Des larves, des urnes cinéraires posées sur les murs, impriment à ce séjour un caractère de mélancolie qui porte dans l'âme le sentiment du bonheur. On aperçoit une pierre, débris du tombeau de la sensible amante du savant et malheureux Abeilard ; le nom de ces infortunés époux est gravé dessus. Plus loin, les cénotaphes et statues couchées du bon connétable et de son ami Sancère ; les restes de Descartes, de Molière, de La Fontaine ; une colonne supporte le cœur de Jacques Rohault, digne émule de Descartes. Partout l'homme de bien retrouve son ami.

Ce musée doit fixer l'attention de tout le

monde ; son aspect se lie à de si grandes choses, qu'il est impossible d'en détailler toutes les beautés, tout le charme.

Ce Musée est ouvert les dimanches et les lundis ; et tous les jours pour les étrangers, en montrant leurs passe-ports.

THERMES.

PALAIS DES THERMES,

Rue de la Harpe.

Sans contredit le palais des Thermes est le seul monument de l'architecture des Romains, dont quelques vestiges se rencontrent encore à Paris. Les historiens ne conviennent pas tous qu'il fut bâti par l'empereur Julien ; mais il est certain que ce prince l'habita pendant son séjour à Paris en 357. Du même côté et plus bas que la rue des Mathurins, au fond de la cour d'une vieille maison, où pend pour enseigne une croix de fer, on voit une grande salle couverte d'une voûte très-élevée, au-dessus de laquelle est un jardin qui communique à l'hôtel de Clugni. Ce sont les restes du palais des Thermes ou des Bains. Les savans, les étrangers, les amateurs vont encore admirer cette voûte

dont la construction donne une haute idée de
la grandeur que devait avoir ce palais, et de
la solidité que les Romains mettaient dans
leurs constructions.

On prétend que ce palais fut bâti sur le
modèle des bains de Dioclétien à Rome.
En 1544, on a trouvé les restes d'un aquéduc
qui conduisait les eaux d'Arcueil dans ce palais. Les rois de France de la première et de la
seconde race, et quelques-uns de la troisième, habitèrent le palais des Thermes qui, du
règne de Louis-le-Jeune, s'appelait le Vieux
Palais.

LE VAL-DE-GRACE,

FAUBOURG SAINT-JACQUES.

La reine Anne d'Autriche, épouse de
Louis XIII, pour exécuter le vœu qu'elle
avait fait de bâtir un temple au Seigneur
qui avait exaucé ses prières, en donnant un
héritier à la couronne après une stérilité
de vingt-deux ans, fonda le monastère du
Val-de-Grâce, en 1621, après la mort de
son époux et du cardinal de Richelieu. Cette
abbaye de religieuses bénédictines était originairement située dans une vallée près de

Bièvre-le-Châtel, nommée Val Profond, et sous le titre de Notre-Dame-de-la-Crèche que lui avait donné la reine Anne de Bretagne. Sa fondation à Bièvre remontait au onzième siècle ; mais la situation désagréable de ce monastère, et la vétusté des bâtimens qui menaçaient ruine, firent penser aux moyens de les transférer à Paris, où l'on acheta un grand emplacement faubourg Saint-Jacques, et une maison appelée le Petit Bourbon : ce fut en l'an 1621.

La Reine Anne d'Autriche s'étant déclarée la fondatrice de cette nouvelle maison, elle prit le nom de Val-de-Grâce. C'est à cette princesse que Paris doit un monument magnifique, et l'un des plus réguliers qu'on ait érigé dans le siècle dernier. Louis XIV, en 1645, et à l'âge de 7 ans, posa la première pierre de l'église ; et, en 1655, Monsieur, frère unique du roi, posa celle du cloître.

François Mansard donna le plan du Val-de-Grâce ; et sur ses dessins il en monta les travaux jusqu'au rez-de-chaussée ; mais, par des circonstances que la bassesse, l'intrigue et l'envie font naître en s'attachant au mérite, la direction des bâtimens du Val-de-Grâce fut remise entre des mains moins habiles, sans doute, qui, voulant renchérir sur les dessins d'un aussi grand maître, en altérèrent quelques beautés. Le Muet remplaça Mansard, ayant sous lui Le Duc et Duval; mais leurs talens ne justifièrent pas l'idée qu'on s'en était formée. Le Val-de-Grâce fut vingt ans à être bâti. Les troubles qui pendant plusieurs années agitèrent la France, en firent suspendre les travaux. Mansard piqué se vengea d'une manière aussi grande qu'ingénieuse. Il engagea Henri Duplessis de Guénégaud, secrétaire d'état, à faire bâtir une chapelle dans son château de Fresne, à sept lieues de Paris; et là il exécuta, en petit, le superbe dessin qu'il avait projeté pour le Val-de-Grâce, en cas qu'on lui eût laissé la pleine liberté de suivre les élans de son vaste génie. Jamais bâtiment ne fut suivi et dirigé avec plus de soins par cet architecte célèbre, aussi la chapelle de Fresne est-elle regardée comme le plus parfait morceau d'architecture qu'il y ait en France.

Les édifices du Val-de-Grâce consistent principalement en plusieurs corps-de-logis, et une église d'une grande magnificence. Le portail, dont le corps avancé du milieu, forme un portique soutenu de quatre colonnes corinthiennes, isolées et ornées de statues en marbre, sculptées par François Anguier. Le second ordre est formé de colonnes composites, avec de grands enroulemens aux deux côtés, et terminé par un grand fronton. Le dôme est très-élevé, ses proportions sont belles; il est couvert de plomb, avec des plates-bandes dorées, surmonté d'un campanille entouré d'une balustrade de fer, et portant un globe aussi de métal doré, sur lequel est une croix qui couronne l'ouvrage. Le dedans de l'église est décoré de pilastres d'ordre corinthien à canclures rudentées; et le pavé à compartimens de marbre de toutes couleurs. Les bas-reliefs qui sont à la grande voûte de la nef, sont composés de six médaillons représentant 1.º la tête de la Sainte-Vierge; 2.º celle de saint Joseph; 3.º sainte Anne; 4.º saint Joachim; 5.º sainte Élisabeth; 6.º saint Zacharie. Ces figures sont colossales.

François Anguier a sculpté tous ces morceaux, ainsi que des figures d'ange et des hiéroglyphes. Le grand autel est d'une décoration aussi magnifique qu'ingénieuse. Six grandes colonnes torses de marbre brabançon (on assure qu'elles sont les seules en France de cette espèce, et que chacune d'elles a coûté dix mille francs), chargées de palmes, de rinceaux de bronze doré, posés sur un plan elliptique, dont les bases et les chapiteaux sont dorés mat et soutiennent un baldaquin formé de six courbes qui rachètent au milieu un petit plafond sur lequel est encore un amortissement de six consoles, et terminées par une croix posée sur un globe. Quatre anges, posés sur les entablemens des colonnes, tiennent des encensoirs. Sur les faisceaux de palmes appuyées au même entablement sont suspendus des petits anges qui tiennent des cartels où sont écrits des versets du *Gloria in excelsis Deo*. Les grands et petits anges, et tout le baldaquin, sont dorés d'or bruni. Sur l'autel, la représentation en marbre de l'enfant Jésus dans la crèche, etc. Au milieu, et derrière ces figures, est un tabernacle en forme de niche, soutenu de douze petites colonnes, et orné d'un bas-relief représentant une descente de croix, encore sortie du ciseau d'Anguier.

Le plafond du dôme est le plus grand ouvrage de peinture à fresque que nous ayons. C'est l'image du ciel que Mignard a essayé de tracer. Dans la partie la plus éminente, on voit un ange qui tient le livre des sceaux ouvert, où sont écrits les noms des élus. De côté et d'autre sont les saints distribués par grouppe, avec leurs attributs ; les apôtres, les martyrs qui, respectueusement inclinés, contemplent Dieu dans toute sa majesté. On voit, dans la partie inférieure, la reine Anne d'Autriche offrant à Dieu le plan du temple sacré qu'elle vient de construire. Dans le point élevé du dôme la vue se perd comme dans l'espace infini. Ce chef-d'œuvre du pinceau de Mignard exprime, autant que nos sens peuvent le saisir, l'idée que nous pouvons nous former de la Divinité et du séjour réservé à ceux qui l'ont servie. Les grilles à droite et à gauche du sanctuaire sont admirables par leur travail et leur grandeur extraordinaires. La chapelle à gauche, fermée par une de ces grilles, était toujours tendue de noir, et c'était là que reposait, sous une représentation mortuaire, le cœur de la reine Anne d'Autriche. Les peintures de la chapelle du Saint-Sacrement sont de Philippe et de Jean-Baptiste de Champagne. C'est dans cette église que se trouvaient les cœurs des princes et princesses de la famille royale, ainsi que ceux de la maison d'Orléans qui avait sa sépulture dans le même caveau. Sur la porte de l'église, en entrant, on voit une descente de croix par Lucas de Leyde.

On conservait au Val-de-Grâce la première chaussure de chaque fils et dame de France.

Louis XIV et sa mère comblèrent le Val-de-Grâce de biens et d'honneurs ; ils attachèrent de grandes distinctions et de grandes prérogatives à cette maison. Il lui fut accordé des armes écartelées de France et d'Autriche, avec permission de les faire sculpter, peindre, tant en dedans qu'en dehors, et même de les faire graver pour servir de sceau à ce monastère et à son ordre. Il jouit de plus d'un droit de franchise pour les artisans qui occupaient les bâtimens que les religieuses avaient fait construire sur un emplacement de quatre cent soixante-douze toises. Ce lieu se nomme la Cour Royale de Saint-Benoît.

Anne d'Autriche avait une si grande prédilection pour l'abbaye du Val-de-Grâce, qu'elle s'était fait meubler un appartement dans la clôture de ce monastère, où elle se retirait souvent pour se recueillir.

Le Val-de-Grâce, qui a beaucoup souffert des attaques du vandalisme, a été transformé en hospice militaire, et ces voûtes silencieuses qui naguères étaient frappées par les voix suppliantes de la piété, retentissent des cris que la douleur arrache aux braves que le fer ou la foudre ont mutilés en combattant pour la gloire de leur patrie, à qui leurs efforts courageux ont rendu la paix. Dans les lieux où l'homme trouvait le repos et le bonheur, l'homme retrouve encore la santé, l'oubli de ses maux, et s'élève à Dieu par l'offrande de ses peines, comme il s'élevait à lui par le jeûne et la contemplation.

Dans le jardin du Val-de-Grâce, on cultive un grand nombre de plantes, qui forment une collection destinée à l'instruction des élèves en médecine.

LA SAINTE-CHAPELLE.

Les rois de France se faisaient autrefois garder la chape de saint Martin, dans des tentes qu'on appela chapelles. On croit que telle est l'origine du nom de chapelle, que l'on a donné dans la suite à une église particulière, qui n'est ni cathédrale, ni collégiale, ni paroisse, ni abbaye, ni prieuré.

La Sainte-Chapelle du Palais à Paris a été bâtie par saint Louis, sur un emplacement qu'occupait un petit oratoire qu'avait fait construire Louis-le-Gros. Ce fut Pierre, surnommé de Montereau, parce qu'il étoit natif de cette ville, qui fut l'architecte de la Sainte-Chapelle, comme il l'avait été de la chapelle de Notre-Dame de l'abbaye de Saint-Germain-des-Prés. Ce bâtiment est un des plus beaux ouvrages gothiques qu'il y ait en Europe, et fixe l'attention de tous les connaisseurs par la hardiesse de son plan; et peut donner une idée du talent de Pierre, et des progrès qu'avait faits l'architecture en 1245. La Sainte-Chapelle ne porte que sur de faibles colonnes, et n'est soutenue d'aucuns piliers dans œuvre. Les voûtes en croix d'oviges en sont fort élevées, et si fortement liées qu'elles ont bravé l'outrage des temps, lors d'un grand incendie arrivé en 1630, le clocher, que l'on regardait comme une merveille, fut entièrement consumé, ainsi que toute la chapelle de cette église. Le bâtiment de la Sainte-Chapelle est distribué en deux églises l'une sur l'autre. Eudes, légat du Saint-Siége, en fit la dédicace en 1248, sous le titre de la Sainte-Couronne et de la Sainte-Croix, et l'église passa, par Philippe, archevêque de Bourges, sous la vocation de la Vierge.

Cette dernière était la paroisse des chanoines et des chapelains. On y voit la sépulture de Nicolas Boileau, ce fameux critique, dont les poésies font tant d'honneur au siècle qui le vit naître. Il fut enterré dans l'église de la Sainte-Chapelle, au mois de mars 1711.

Dans l'église supérieure on voyait à gauche en entrant une Notre-Dame de Pitié, en pierre, qui fixe l'admiration de tous les connaisseurs, par le fini de sa perfection : elle sort du ciseau de Germain Pilon. En 1756 et 1757, on fit quelques changemens heureux à cette chapelle, sur les dessins de l'architecte Rousset. L'orgue est dû aux talens de M. Lavergue. Léonard le Limousin a décoré chacun des deux autels qui sont à la porte du chœur, d'un tableau peint en lavis, représentant François I.er et sa femme Éléonore d'Autriche; Henri II et Jeanne de Médicis, sa femme. On voyait sur le maître-autel une châsse qui était le petit modèle de la Sainte-Chapelle : elle était de vermeil enrichi de pierreries. Derrière et au-dessus du maître-autel, on vénérait une autre châsse beaucoup plus grande, de bronze doré, élevée sur quatre piliers, qui soutiennent une voûte gothique. C'est dans cette châsse qu'étaient renfermées les reliques que Saint-Louis fit venir de Constantinople avec tant de soins et de dépenses.

Pour la satisfaction de quelques-uns, et l'édification de plusieurs, il n'est peut-être pas inutile d'entrer dans quelques détails sur ces reliques dont les effets furent quelquefois si miraculeux et la possession d'une si sainte importance, qu'elle coûta des sommes immenses.

Quoique la victoire eût constament suivi les drapeaux de Jean de Brienne, empereur de Constantinople, dans les guerres qu'il eut à soutenir contre les Grecs, il n'en épuisa pas moins ses forces et ses trésors. Tous les combats ne sont jamais avantageux même au vainqueur. Quelques pouces de terrain, un peu de prétendue considération de plus, quelques ennemis de moins coûtent des millions d'hommes et d'espèces. Jean de Brienne, pressé par le besoin d'argent, envoya Baudouin, son gendre, en Italie et en France, demander des secours. Baudouin partit, et Jean de Brienne mourut. Les Grecs, profitant de cet événement et de l'absence de Baudouin, pressèrent le siége de Constantinople par terre et par mer, et réduisirent ceux qui commandaient pour Beaudouin à lui faire savoir que, pour subvenir aux besoins pressans où ils se trouvaient, il ne leur restait plus d'autre ressource que celle de mettre en gage la sainte couronne d'épines. Voilà donc la couronne du fils d'un Dieu de paix sur le point d'aller dans un lombard, pour soutenir les frais d'une guerre terrible. A cette nouvelle, Baudouin conjura le roi Louis IX et sa mère, la reine Blanche, de ne pas souffrir que cette sainte relique passât en d'autres mains que les leurs.

Le pieux roi, accoutumé à sacrifier tout pour conquérir loin de son royaume de semblables trésors, fut ravi de trouver une nouvelle occasion de signaler son zèle pour servir la cause de la religion; il accepta avec joie la proposition de Baudouin, et dépêcha de suite deux dominicains, Jacques et André, pour aller recevoir cette précieuse relique. Malgré toute la diligence qu'ils firent, le commandant de Constantinople, réduit à la dernière extrémité, avait déjà reçu plusieurs sommes en prêt sur la couronne d'épines. Les Vénitiens, deux Génois, l'abbesse de Perceul, avaient fourni sur ce nantissement une somme de treize mille soixante-quinze hyperpers, monnaie grecque de ce temps-là.

Le temps du dégagement étant venu, et ne se trouvant pas en état de retirer leurs effets, ils firent ce qu'on appelle une affaire : ils empruntèrent d'un Vénitien nommé Quirini, treize mille cent trente-quatre hiperpers, qu'ils promirent de lui rendre à la fin du mois d'octobre, ajoutant que, si quatre mois après cette échéance, la sainte couronne n'était pas achetée, le Vénitien Quirini en pourrait disposer à sa volonté. En attendant le résultat de toutes ces promesses, l'effet sacré fut mis en dépôt entre les mains du camérier commun des Vénitiens.

Arrivent enfin les dominicains, porteurs des lettres de Louis et de sa mère, mais légers d'argent, et plus chargés de dévotion que de lingots. On eut recours aux expédiens pour sauver ce précieux morceau d'épines. Après beaucoup de pourparlers et de moyens proposés, on convint qu'une députation des députés de l'empire et des plus nobles Vénitiens accompagneraient les pères Jacques et André, de Constantinople à Venise avec l'épine. Ce voyage ce fit saintement. Arrivé à Venise, Jacques y laissa son confrère André, et vint rendre compte au roi du prétendu succès de sa négociation.

Le saint roi envoya aussitôt des ambassadeurs à la république de Venise, mais encore sans argent, et il me semble que ce soin aurait dû être le premier ; mais comme dans toutes les circonstances la foi des négocians valut toujours mieux que celle des négociateurs, les marchands français établis à Venise se cotisèrent ; on racheta la relique, et elle se mit en route pour la France. Dès qu'elle fut arrivée à Troyes, le roi, la reine sa mère, et les princes ses frères, allèrent au-devant d'elle, et la rencontrèrent à Villeneuve-l'Archevêque. Et là, en 1239, le roi ouvrit la triple cassette de bois, d'argent et d'or, et tout le monde se rassasia du bonheur ineffable de contempler les beaux restes de bois sur lesquels on avait prêté tant d'or. Le lendemain le roi et le comte d'Artois son frère, l'un et l'autre pieds nus, portèrent sur un brancard la sainte couronne à Sens. De là elle arriva à Paris, où elle fut reçue avec une pompe magnifique. Quelque temps après, Baudouin, encore pressé par de fâcheuses circonstances, et ne trouvant de ressources que dans sa nombreuse collection de reliques, députa au saint roi qui régnait en France, pour lui offrir encore l'acquisition de quelques autres trésors de bois. Saint-Louis ne se sentit pas d'aise, en apprenant les heureuses dispositions de Baudouin, et il acquit de ce prince, pour des sommes immenses, un petit morceau de bois de la vraie croix, le fer de la lance dont Jésus fut frappé au côté, une partie de l'éponge qui a servi à lui donner du vinaigre, une partie du roseau qu'on lui mit dans la main, une partie de sa robe de pourpre, un morceau du Saint-Suaire, le linge avec lequel Jésus essuya les pieds de ses apôtres, une partie de la pierre du Saint-Sépulcre, une croix appelée la croix du triomphe. Il paraît que Baudouin n'attachait pas un grand mérite à ces possessions religionnaires, et qu'il ajoutait peu de foi à toutes ces reliques; autrement il ne se serait pas dessaisi d'une croix de triomphe, dans un moment où sa vertu lui était d'un si grand besoin.

Saint-Louis fit déposer toutes ces merveilles échapées à la fureur des infidèles, dans la chapelle de son palais; ensuite, pour les loger plus magnifiquement, il fit construire la Sainte-Chapelle, sur l'emplacement où Robert avait bâti une chapelle à la Vierge. Ce magnifique bâtiment coûta à ce prince quarante mille livres, c'est-à-dire onze cents livres de notre monnaie actuelle. Ce bâtiment et les châsses pour contenir les reliques, coutèrent deux millions huit cents mille livres.

La nuit du 10 mai 1575, on déroba le grand morceau de la vraie croix, et l'on publia que la reine mère avait vendu ou engagé cette relique en Italie. Malgré la vigilance du prévôt des marchands, qui fit fermer les portes et faire les recherches les plus scrupuleuses; malgré les foudres sacrés, lancés sur la tête des impies sacriléges; malgré les processions multipliées, le vol ne se retrouva point.

Le jour de Pâques-Fleuries de l'année suivante, Henri III qui sentit bien qu'il fallait appaiser les cris du peuple dévotieux, fit publier au prône dans toutes les paroisses de Paris, que les fidèles eussent à aller adorer une croix toute semblable à la première qu'il avait fait faire, et dans laquelle un morceau de la vraie croix était enchâssé, et c'est la même qui fut exposée à la vénération des christicoles. Le trésor de la Sainte-Chapelle renfermait des objets rares et précieux qui sans cesse alimentaient la curiosité des âmes dévotes et des amateurs : le chef de Saint-Louis, d'or et grand comme nature, avec une couronne aussi d'or et enrichie de pierreries, soutenue par des anges de vermeil. Cette relique fut long-temps un des plus beaux ornemens de

Saint-Denis; mais Philippe-le-Bel la transféra à la Sainte-Chapelle, et l'abbaye Saint-Denis ne conserva que la sainte mâchoire du monarque; le grand chantre de la Sainte-Chapelle portait un bâton dont la forme fixait l'attention des curieux, à cause d'une agathe dont il est surmonté, et qui représente la tête de Titus. Comme on lui a trouvé quelque ressemblance avec celle de saint Louis, on lui a mis dans une main une petite croix, et dans l'autre une couronne d'épines. Le saint n'a pas sans doute perdu à la ressemblance, et il est toujours consolant de savoir que Titus préside aux mystères d'une religion dont la morale est si consolante, lui qui fit son bonheur d'être utile au monde, et dont il fut surnommé les délices. Saint Louis alla chercher la gloire dans les croisades, Titus mit la sienne à conquérir le cœur de ses peuples; et la sienne sera sans doute aussi durable que celle du roi de France.

Il semble que la Sainte-Chapelle était destinée à recevoir des objets dont le caractère devait mettre en défaut la piété. On y voyait une agathe onix, de figure ovale, d'un pied de longueur, sur dix pouces de largeur. Ce monument est regardé comme un chef-d'œuvre de la nature et de l'art. Les antiquaires prétendent que Rome dans ses plus beaux jours n'a rien fait de si beau que les figures gravées sur cette pierre. Ce fut encore Baudouin qui la vendit à saint Louis. Il paraît que cet empereur avait une riche collection de ces objets. Cette agathe onix est montée dans un chassis, aux quatre coins duquel sont peints les quatre évangelistes et leurs noms écrits en grec. On assure que ce fut Charles v qui y fit ajouter ces ornemens, dans la croyance où l'on était alors que les figures représentaient le triomphe de Joseph en Égypte. Mais M. de Peyresec, en 1619, décida que le sujet gravé sur l'agathe onix, était tiré de l'histoire romaine. Les connaisseurs firent beaucoup de dissertations à ce sujet. Rubens, qui était aussi savant antiquaire qu'il était peintre habile, vint à Paris exprès pour la voir et l'examiner. Il la dessina et la fit graver. Il paraît décidé que cette agathe onix représentait le triomphe de Germanicus; et que l'on n'a jamais rien admiré de plus digne de l'être. En 1630, lors de l'incendie de la Sainte-Chapelle, cette pierre fut rompue en deux. Que sont devenues ces richesses en tout genre? Dieu, qui sait tout, le sait sans doute.

LES CHARTREUX.

Louis IX, toujours occupé, et un peu trop peut-être, du soin de propager les ordres religieux, fut si édifié du récit qu'on lui faisait sans cesse de la vie solitaire et pieuse que menaient les disciples de saint Bruno, qu'en 1257 il écrivit au général de l'ordre des Chartreux, fondé en 1084, pour qu'il voulût bien lui envoyer quelques-uns de ses frères, qu'il voulait établir à Paris. Dom Bernard de La Tour envoya dom Jean Josseraud, avec quatre religieux : saint Louis les reçut avec distinction; leur donna une maison qu'il avait à Gentilly, avec ses dépendances. Au bout d'un an de séjour, ces bons solitaires prièrent le roi de vouloir bien leur accorder son hôtel de Valvert ou Vauvert, maison de plaisance que le roi Robert avait fait bâtir, et qui se trouvait abandonnée parce que, disaient les bonnes femmes, le diable y tenait son sabat. Les cinq chartreux, qui depuis longtemps étaient accoutumés à déjouer les ruses du malin, n'eurent pas de peine à le faire déguerpir, et ils restèrent maîtres d'un bel et vaste emplacement. Les spectres et les revenans ne parurent et ne revinrent plus, et les bons solitaires se virent aux portes de Paris, objet de leur sainte ambition. Le nom d'enfer resta à la rue, sans doute en mémoire de tout le vacarme que les diables y avaient fait.

Petit à petit, ces bons chartreux augmentèrent leur nombre, et aggrandirent leur territoire. Le dévotieux saint Louis leur fit des dons considérables. Plusieurs particuliers vinrent aussi à leur secours. Ils bâtirent quarante cellules, et une église que saint Louis fit commencer avant de partir pour son voyage d'outre-mer. Ce fut Eudes de Montreuil qui en fut l'architecte. La mort de saint Louis en suspendit les travaux. Ils furent repris, quittés, enfin terminés en 1324. Le bâtiment qui séparait les deux cours était composé d'arcades gothiques, assez estimées. Sa première façade était ornée de figures et d'ornemens d'un travail précieux. Les plus célèbres artistes ont travaillé pour décorer l'église des Chartreux : Le Poussin, Restout, Jossani, Moreau, Jean-Baptiste Corneille, Dumont, Le Romain, Louis de Boulogne, Jouvenet, Philippe de Champagne, Bonboulogne, Antoine Coypel, Claude Audran, Noël Coypel, Lagrenée le jeune, Le Sueur, avaient laissé aux Chartreux leurs principaux chefs-d'œuvres. La menuiserie de leur église était regardée comme un morceau rare : ce fut le frère convers Henri Fusiliers qui l'exécuta. Dans vingt-deux tableaux peints sur bois, Le Sueur avait représenté les principales circonstances de la vie de saint Bruno, depuis sa retraite jusqu'à sa canonisation. Cet ouvrage qu'il entreprit à l'âge de vingt-huit ans, fut achevé en trois ans. Les chartreux en firent présent au roi. L'envie et la basse jalousie en ont mutilé les plus beaux endroits : il n'est que trop commun de voir la médiocrité, et quelquefois le mérite, s'armer contre la supériorité des talens, et le déchirer indignement. Les vitraux du cloître des Chartreux fixaient particulièrement encore l'admiration des connaisseurs : ils représentaient des arabesques et des fruits : la pureté du dessin, la fraîcheur et la vérité du coloris, les faisaient regarder comme des modèles uniques dans ce genre. Toutes ces pièces avaient été peintes d'après Sadeler. On voyait dans le grand cloître un grand tableau de quinze pieds, peint sur bois, qui représentait la fondation que fit Jeanne de Chatillon, comtesse d'Alençon, de quatorze cellules. On y voyait cette princesse offrant à la sainte Vierge quatorze chartreux qui sont à genoux, et de sa bouche sortent ces paroles :

Vierge mère et pucelle, à ton cher fieux présente quatorze frères qui prient pour moi.

L'enfant Jésus, qui est sur les genoux de sa mère, répond :

*Ma fille, je prends le don que tu me fais,
Et je te rends tous tes méfais.*

On voyait encore Pierre de Navarre avec quatre chartreux à genoux, aux pieds de la sainte Vierge, à cause de quatre cellules qu'il avait fondées. Il ne parle point à la Vierge, et la Vierge ne remercie point. Il faut cependant espérer qu'ainsi qu'à la princesse, ses péchés lui sont remis.

J'étais très-jeune quand on me mena voir l'intérieur de la maison des Chartreux, à Paris. Je fus caressé par plusieurs de ces pieux solitaires, et de retour à la maison paternelle je me crus appelé à vivre parmi eux. Ce projet fut long-temps mon idole. Bien résolu de suivre ma vocation, je m'échappai de mon collége, et j'allai me jeter aux pieds du père procureur qui me reçut avec bonté ; informa ma famille de mon arrivée ; en obtint sans doute la permission de disposer de moi pour la plus grande gloire de Dieu et ma satisfaction. Il me fit pratiquer très-scrupuleusement les règles de l'ordre et toute leur sévérité. Je veillai tant, je priai si souvent et à toute heure de la nuit, dans la plus rigoureuse saison, que je sentis mon zèle se ralentir, et ma vocation pas assez déterminée pour faire une entière abnégation de mon être. Je rentrai dans le sein de ma famille, bien pâle, bien faible, bien abattu, bien décharné, bien corrigé de l'envie de me séquestrer du monde, mais le cœur bien pénétré des sentimens pieux et des vertus de ces bons religieux. Dans un âge plus avancé que celui où je me crus appelé à être un disciple de Saint-Bruno, j'allais souvent visiter ces bons pères respectables pour qui le monde était parfaitement inconnu. Dans les crises les plus violentes de notre révolution j'ai eu le bonheur d'être utile à quelques-uns d'eux.

C'est de cet ordre qu'était le père dom Gerle, député aux états généraux, dont la crédule bonne-foi faillit renouveler parmi nous les Vêpres Siciliennes et la Saint-Barthélemy. Il expia publiquement et avec une résignation parfaite, l'erreur d'un moment de zèle trop outré pour la religion. Un orateur célèbre, par la solidité de sa logique, par son éloquence tout à la fois foudroyante et persuasive, le força à s'agenouiller devant une société nombreuse, et à offrir à Dieu son expiation.

Ceux qui ont vu les tableaux d'Eustache Le Sueur, représentant la vie de saint Bruno, se rappelleront sans doute celui où l'on voyait le docteur Diocrès qui, pendant que l'on chante l'office des Morts, sort à demi de son cercueil, et prononce l'arrêt de damnation de Bruno. Les assistans sont saisis de frayeur, et Bruno, qui se trouve derrière le prêtre officiant, est dans une attitude plus terrible encore. Je n'ai rien vu de plus frappant par la vérité, la distribution des groupes, l'entente des draperies; et l'harmonie des couleurs.

On lit dans la vie de saint Bruno que cette apparition de Diocrès le pénétra tellement de terreur pour l'avenir, qu'il renonça au monde, et embrassa la vie érémitique. Si ce fait est vrai, le peintre l'a rendu d'une manière admirable; s'il est faux, quels éloges ne mérite pas Le Sueur qui l'a conçu et exécuté si dignement !

Le tableau qui peignait saint Bruno à ses

derniers momens, était aussi étonnant par les lois de la perspective qui, pour ainsi dire, paroissent avoir été créées par Le Sueur. L'étonnante composition de ce tableau doit placer Le Sueur auprès des plus grands peintres.

On voyait aussi au petit cloître des Chartreux un plan en perspective de la ville de Paris, telle qu'elle était au commencement du dix-septième siècle.

Dans le nombre des personnes illustres qui ont eu leur sépulture aux Chartreux, on distinguait celle de Versoris, ce célèbre défenseur des Jésuites contre Etienne Pasquier, et ce fougueux ligueur qui fut tellement saisi d'étonnement en apprenant la mort du duc et du cardinal de Guise, qu'il en mourut sur-le-champ, en vouant Henri à l'exécration de son siècle et de sa postérité, qui tous deux ont adoré le vainqueur à Ivry, et dont le souvenir repose encore dans tous les bons cœurs.

Jean Descordes, savant Jésuite, puis chanoine à Limoges. Ce fut sa bibliothèque, que le cardinal Mazarin acheta vingt mille livres, qui servit de fonds à celle du collége Mazarin.

Pierre Danet, abbé de Saint-Nicolas de Verdun, et curé de Sainte-Croix de la Cité. Nous avons de lui un Dictionnaire français-latin, un Dictionnaire latin-français, et un troisième des Antiquités grecques et romaines. Son Dictionnaire latin-français est le plus estimé. Pour ses Antiquités, elles sont reléguées dans les coins les plus poudreux des bibliothéques.

Nous avons vu arriver, en 1225, cinq frères Chartreux, bien pauvres, habitant une petite maison à Gentilly, puis un palais habité par le diable, puis reculant leurs limites, puis s'aggrandissant ; eh bien ! en 1790, ils avaient un emplacement vaste, le potager de quarante solitaires était de quinze arpens, leurs possessions immenses ; quelle différence ! Leurs richesses en chefs-d'œuvres ont été dispersées, et on vient d'abattre leur monastère pour percer des rues, et augmenter le jardin du Sénat Conservateur.

Dans la galerie des tableaux, au Luxembourg, on voit la belle collection de ceux qui représentent la vie de Saint-Bruno.

HOTEL-DIEU.

Cet hôpital, fondé par saint Landri, évêque de Paris, est le plus considérable de tous ces tristes établissemens. C'est là que la nature multiplie le tableau affligeant des misères humaines ; c'est là qu'elles sont entassées. C'est en visitant cette demeure que la douleur entre dans l'âme par tous les sens. L'ordre et la propreté qui règnent dans cette maison, en affaiblissent un peu la teinte lugubre. Le zèle, les soins touchans des personnes qui se sont consacrées au service des malades, donnent l'idée la plus juste de la bienfaisance. Que de vertus, que de courage il faut pour avoir sans cesse sous les yeux le spectacle terrible de son semblable aux prises avec les tourmens les plus affreux, luttant sans cesse contre la mort qui se présente sous mille formes plus hideuses les unes que les autres! Quelle tâche à remplir que celle de soulager les malades, de panser leurs plaies, et des plaies dégoûtantes; de les aider à porter à leurs bouches quelques faibles alimens, les derniers souvent qu'ils prendront ! Quels saints devoirs à remplir, que ceux d'assister des souffreteux mourans, de recevoir leurs derniers soupirs et leurs dernières volontés ; de voir se briser les liens qui les attachent si étroitement à leurs plus douces affections ; d'entendre leurs plaintes, leurs cris, leurs gémissemens ! Quel emploi que celui de revêtir sans cesse du dernier vêtement des milliers de malheureux ; de ne promener ses regards que sur des cadavres inanimés ! Ah ! qu'il est grand, qu'il est sublime ce sacrifice de son être, cette abnégation entière de toutes ses facultés pour servir les autres, ce dévouement auguste aux autels de l'humanité !

Si saint Landri a le premier rassemblé dans cet hôpital quelques malades, s'il doit en être regardé comme le fondateur, que notre gratitude paie à jamais de ses soins ce vertueux évêque ! Il a fait tout ce que sa piété et ses moyens lui permettaient de faire. Saint Louis, qu'un penchant irrésistible entraîna toujours vers les établissemens pieux et charitables, saint Louis a comblé de bienfaits l'Hôtel-Dieu. Dignes imitateurs d'un aussi beau modèle, plusieurs grands ont assigné des sommes considérables à cette maison. Henri IV, toujours si grand, si bon, si généreux, toujours le père de son peuple, attachant toujours son nom aux choses utiles, le bon Henri, dota l'Hôtel-Dieu. En 1606, il fit bâtir la salle Saint-Thomas ; en 1625, on fit bâtir encore une grande salle sur une voûte, sous laquelle passe la rivière. Cette voûte est estimée des connaisseurs. Ces édifices, ainsi que le pont qui conduit de l'archevêché à la rue de la Bucherie, furent finis en 1634. Les propriétaires environnans demandèrent à Louis XIII la permission de passer sur ce nouveau pont de communication : elle leur fut accordée, moyennant le paiement d'un double ; et ce pont a pris et conservé le nom de Pont-au-Double. En 1714, on construisit de nouveaux bâtimens, et, pour subvenir à la dépense considérable de l'Hôtel-Dieu, on ordonna, en 1716, une perception d'un neuvième sur les spectacles.

En 1737, la nuit du 1.er au 2 août, le feu prit à l'Hôtel-Dieu ; l'embrasement fut presque général ; il ne fut éteint que le quatrième jour. Quelqu'effrayant qu'ait été ce premier incendie, celui de 1772 a été plus terrible encore : des centaines de malades ont péri dans les plus affreux tourmens.

La démolition du Petit-Châtelet a donné de nouveaux moyens d'extension aux bâtimens de l'Hôtel-Dieu. On a construit différentes salles; ces succursales ont procuré plus d'aisance aux malades qui, entassés quatre dans un lit, couchent presque seuls à présent. L'Hôtel-Dieu a vu guérir sous ses voûtes quatre mille neuf cents malades dans une seule année. Tous les hommes, quelles que soient leur religion, leur patrie, sont admis à l'Hôtel-Dieu. Ceux attaqués de maladies scrofuleuses, épileptiques, épidémiques, ou d'une gravité inquiétante pour le voisinage, sont transférés à l'hôpital Saint-Louis. Les vénériens sont traités à Bicêtre. Huit chirurgiens en chef, un grand nombre d'élèves sont attachés à l'Hôtel-Dieu qui est desservi par plus de deux cents femmes de charité. Ces respectables dames étaient jadis de l'ordre de Saint-Augustin.

Ces tendres bienfaitrices,
Dans un séjour infect où sont tous les supplices,
De mille êtres souffrans prévenant les besoins,
Surmontent les dégoûts des plus pénibles soins ;
Du chanvre salutaire entourent leurs blessures,
Et réparent ce lit témoin de leurs tortures,
Ce déplorable lit dont l'avare pitié
Ne prête à la douleur qu'une étroite moitié.
De l'humanité même elles semblent l'image,
Et les infortunés que leur bonté soulage,
Sentent avec bonheur, peut-être avec amour,
Qu'une femme est l'ami qui les rappelle au jour.

Ce fut en 1793, temps horrible pour l'humanité, que l'on s'occupa cependant du soulagement des malheureux. Ce fut le jeune architecte Clavareau qui proposa et fit exécuter la réduction des lits des malades de l'Hôtel-Dieu et de celui de Saint-Louis.

LES GOBELINS,

Rue Mouffetard, faubourg Saint-Marcel.

Gobelin est le nom que portait une famille originaire de Reims, qui se rendit célèbre par son habileté à teindre les laines. En 1450, Jean Gobelin avait acheté une maison à Paris, faubourg Saint-Marcel. Philibert et Gilles Gobelin lui succédèrent, et soutinrent leur réputation avec tant d'avantage, que l'hôtel qu'ils occupèrent, et la rivière de Bièvre, prirent le nom de Gobelins.

Colbert, qui imprima à toutes les opérations de son ministère un caractère de grandeur et d'utilité publique qui lui assurent l'immortalité, Colbert employa tout son pouvoir, son crédit et son zèle pour donner à cet établissement le plus grand lustre. Un édit du roi de 1667 lui donne une constitution et des formes stables. Le Brun en eut la direction. Chaque jour cet établissement acquit de nouvelles connaissances avec de nouveaux encouragemens ; enfin, il est parvenu à ce haut degré de perfection auquel nous le voyons aujourd'hui, et qui fait le désespoir des étrangers et la gloire de la France. Rien de plus beau, de plus riche, ne sortit jamais de la main de l'ouvrier, que ces magnifiques tapisseries rivales de la toile des peintres les plus célèbres, et qui souvent sont autant au-dessus de leur modèle qu'elles sont elles-mêmes inimitables. Rien de plus extraordinaire que la manière dont ce travail s'opère.

C'est dans cette manufacture des Gobelins que se fabriquent les tapisseries de haute lisse. Ce fut un tapissier de Bruges, nommé Jean, qui fit les premières. C'est encore aux Gobelins que la teinture écarlate est la plus estimée, et c'est à Colbert que l'on est redevable de cette nouvelle richesse nationale. Sous le règne de Louis XIV, ce ministre détermina par ses bienfaits un Hollandais nommé Gluck à venir se fixer à Paris. Il s'y maria, et s'associa le frère de sa femme qui lui survécut, et hérita de son secret et de sa probité. Jean de Julienne, né avec un penchant décidé pour la célébrité, et un goût sûr pour les grandes choses, augmenta de beaucoup la manufacture des draps écarlates; et c'est à ses soins, ses recherches, et ses découvertes, qu'on doit la renommée dont ils jouissent. Louis XV, voulant récompenser dans ce citoyen les talens qui assurent la prospérité du commerce et de l'état, lui accorda des lettres de noblesse, et le décora du cordon de l'ordre de Saint-Michel.

Lié avec les hommes le plus justement célèbres de son siècle, Julienne forma le projet de réunir une collection de tableaux. Il l'exécuta, et sa galerie devint bientôt une des plus belles et des plus riches de l'Europe. L'académie royale de peinture et de sculpture le nomma honoraire amateur. Julienne, qui savait allier les plus brillantes qualités d'un artiste à la sensibilité la plus exquise et à l'amour de ses semblables, fut aussi recommandable par sa piété et son humanité, que par ses talens; il fut surnommé le Père des Pauvres. Il avait embelli le palais des rois, il décora le temple de Dieu; Saint-Hypolite, sa paroisse, lui dut son éclat. Ce brave homme, ce négociant intègre, ce bon citoyen, mourut en 1766, à Paris, chargé de quatre-vingts ans.

A l'extrémité de la rue des Gobelins, on voit une porte encore chargée de quelques restes d'ornemens gothiques. On assure que dans cette maison saint Louis se retirait quelquefois pour vaquer à des œuvres de piété. On croit que ce fut dans cette même maison, et sous le règne de Charles VI, le 30 janvier 1382, que ce prince donna un bal où périrent cruellement plusieurs seigneurs par l'imprudence du duc d'Orléans qui, voulant reconnaître trop promptement les seigneurs et le roi lui-même déguisés en sauvages, incendia leurs habits avec un flambeau qu'il portait. La duchesse de Berri ne parvint à sauver le roi qu'en l'enveloppant dans sa robe, et ralentissant par là l'effet de la flamme.

La manufacture des tapisseries des Gobelins est sous la protection du gouvernement. On peut voir cet établissement tous les jours.

HOTEL DES MONNAIES.

L'ancien Hôtel des Monnaies était situé dans la rue qui porte encore son nom. Sa principale entrée et une plus petite étaient ouvertes sur la rue Thibault-aux-Dez. On ne connaît rien de bien intéressant, pour l'histoire, sur la fondation et l'origine de cet établissement ; cet article manque à l'histoire, et il serait à désirer qu'il y fût consigné. On pourrait, en remontant à son institution, suivre progressivement le cours et la valeur des monnaies, et avoir la mesure juste, la meilleure donnée des progrés du luxe, des richesses, de leur emploi, et établir sur des fondemens assurés les causes de la prospérité et de la décadence d'un empire, où l'or fut toujours le mobile des plus grandes entreprises, et où cette boue jaune acheta et commanda tous les crimes, comme elle paya toutes les belles et vertueuses actions. Le bâtiment des Monnaies rue Thibault-aux-Dez menaçant ruine, le ministre d'état Laverdi choisit l'emplacement de l'ancien hôtel Conti, sur le quai du même nom, pour y élever un monument à la science numismatique.

M. Antoine, architecte du roi, fournit les dessins de ce bel édifice. L'abbé Terrai, contrôleur général des finances, en posa la première pierre pour le roi, le 30 avril 1771. La façade du côté du quai embrasse un espace de soixante toises de large, sa hauteur est de quatorze. Cette façade présente au milieu six colonnes d'ordre ionique, en avant-corps. Un attique s'élève au-dessus d'elles; il offre des tables renfoncées ornées de festons; à l'aplomb de six colonnes, entre lesquelles on a ménagé cinq croisées ornées de frontons triangulaires, sont six statues, la Loi, la Prudence, la Force, le Commerce, l'Abondance et la Paix; ces figures sont de Pigal, Le Comte et Mouchi. Les arrières-corps, qui ont chacun onze croisées, sont garnis par trois balcons saillans, formés par des balustres et portés par des consoles. La frise de l'entablement de ce cette façade est ornée de consoles couronnées de modillons, qui supportent la saillie de la corniche. L'avant-corps a trois arcades; celle du milieu forme la principale entrée de cet édifice et conduit au vestibule, distribué en trois galeries de vingt-quatre colonnes doriques cannelées et posées sur un socle. L'escalier à droite conduit au premier étage dans les salles d'assemblée de l'administration. Deux galeries réunissent les parties des bâtimens qui semblent être séparées par la cage de ce grand escalier, décorées de seize colonnes d'ordre ionique cannelées qui portent une voûte ouverte pour l'éclairer. La cour principale a cent dix pieds de longueur et quatre-vingt-douze de largeur. La galerie couverte qui règne au pourtour, est terminée par une pièce circulaire percée d'arcades et de portes carrées; au-dessus on avait placé les statues de Henri IV, de Louis XIII, Louis XIV et Louis XV. La salle des balanciers s'annonce par quatre colonnes d'ordre dorique; quatre d'ordre toscan, soutiennent la voûte surbaissée; cette pièce, qui contient neuf balanciers, a soixante-deux pieds de long sur trente-neuf de large; la statue de la Fortune, exécutée par M. Mouchi, sculpteur du roi, est placée au fond de cette salle, qui sert de dégagement à plusieurs dépôts de pièces fabriquées ou disposées pour l'être. Le cul-de-four renferme le bureau des monnayeurs.

La salle des ajusteurs est au-dessus de cette pièce; elle est d'égale grandeur, et contient cent places.

Les moulins du laminage sont dans un appartement ménagé auprès de la salle des balanciers; toutes les autres pièces nécessaires aux différentes opérations relatives, sont distribuées avec une intelligence et une commodité qui fait le plus grand honneur aux talens supérieurs de l'architecte; elles sont toutes voisines et se communiquent.

Cet édifice renferme six cours, jugées indispensables pour le service de la fabrication.

L'entrée de la chapelle est sous une des arcades de la partie droite de la cour, qui conduit à celle des remises; un petit porche préside l'entrée de cette chapelle, décorée dans l'intérieur d'un ordre ionique sur un soubassement, avec tribunes; elle reçoit son jour du milieu de sa coupole ornée de caissons.

La façade latérale, par la rue Guénégaud, répond parfaitement à la beauté du reste de l'édifice; l'étendue des bâtimens, de ce côté, occupe environ cinquante-huit toises; un attique sur un soubassement en bossage forme toute sa hauteur. Quatre statues représentant les quatre élémens, par MM. Caffieri et Duprez, ornent l'avant-corps qui indique le milieu de cette façade, en faisant retraite à la hauteur de l'attique. L'usage de ce monument et l'année de son érection sont annoncés par trois inscriptions latines, placées entre les figures de l'attique.

L'aile du principal corps de bâtiment en face du quai forme pavillon de ce côté;

pour donner plus de grâces à la face principale, on a construit une pareille élévation du côté de la rue Mazarine.

Il eût été à souhaiter que M. Antoine eût mis tout son plan à exécution : son projet était de refaire la partie du quai qui fait face à ce superbe hôtel, et de revêtir le parapet d'une décoration qui aurait formé un ensemble magnifique, et aurait ajouté à la noble ordonnance de ce bâtiment.

LA BOURSE.

La place pour la Bourse fut établie par arrêt du conseil d'état du roi, du 24 septembre 1724 dans l'ancien Palais Mazarin, dont le roi fit l'acquisition en 1719, et le donna ensuite à la Compagnie des Indes pour y tenir ses bureaux. La Bourse, placée rue Vivienne, a été transférée dans l'église des Petits-Pères rue *Vide-gousset*.

Elle est ouverte tous les jours, excepté ceux du repos, depuis deux heures jusqu'à quatre.

On assure qu'on dispose la salle des Italiens, rue Favart, pour y placer la Bourse.

BUREAUX DE DEUIL.

Depuis long-temps le respect dû aux tombeaux était réclamé par les mœurs et la raison. Les yeux du philosophe et ceux de toute âme sensible étaient blessés de voir la manière indécente, dégoûtante, toujours révoltante, avec laquelle on portait en terre notre dépouille mortelle. Une compagnie s'est chargée de rendre les derniers devoirs à ses semblables avec plus de dignité ; elle a établi des bureaux dans la rue Culture Sainte-Catherine, et dans l'Enclos du Palais de Justice. C'est-là, comme dit le bon La Fontaine, qu'on trouve

Robe d'été, robe d'hiver.

ÉCOLE GRATUITE DE DESSIN.

Cette école fut établie en faveur des arts et métiers, le 20 octobre 1767. Elle est située dans l'ancien amphithéâtre de Saint-Côme, rue des Cordeliers. M. Bachelier, peintre du roi et professeur de l'académie royale de peinture, en fut le directeur. Cette école fut destinée pour quinze cents élèves, à qui l'on enseignait les principes élémentaires de la géométrie pratique, de l'architecture, du trait, de la coupe des pierres, de la perspective et des différentes parties du dessin.

ÉCRITEAUX.

Dans son Tableau de Paris, Mercier a déclamé contre les écriteaux, les enseignes, leur style barbare et leur ridicule orthographe; Mercier a crié dans le désert. Il semble qu'il y ait un prix pour celui qui annoncera sa marchandise le plus mal. Quelle idée doit avoir de nous un étranger, quand il lit, ou, pour mieux dire, quand il ne peut déchiffrer ce qu'on a mis sur la porte de tel ou tel marchand. La police devrait bien surveiller les barbouilleurs d'enseignes, et forcer les propriétaires à faire viser par un censeur *ad hoc* les lignes qui doivent les composer : il en est de révoltantes pour leur style inepte et inintelligible.

Quant au numérotage des maisons, il avait varié depuis douze ans de manière à ne pouvoir plus reconnaître la demeure indiquée par telle ou telle maison. Ce fut le lieutenant général de police Hérault qui, en 1728, fit mettre deux feuilles de fer-blanc au coin de chaque rue, pour donner aux étrangers la facilité de se reconnaître à Paris. Le temps ayant détruit ces plaques, on prit le parti de faire graver sur le mur; en vieillissant le mur ne laissa plus qu'une trace indéchiffrable. Enfin, au mois d'août 1805, on appliqua un nouveau numérotage; il offre plusieurs avantages au citadin comme à l'étranger. Les numéros en rouge indiquent les rues parallèles au cours de la Seine; les numéros noirs, celles qui coupent les premières. Tous les numéros pairs sont placés sur un côté de rue; tous les numéros impairs, sur le côté opposé; de sorte que l'on sait, en entrant dans une rue, de quel côté est la maison que l'on cherche; et tous ces numéros, par leur dessin et leur couleur, offrent un coup d'œil agréable.

ESTRAPADE.

Cette place a été ainsi nommée, de la machine appelée estrapade qui servait à la punition des Gardes Françaises. De là elle fut transférée au Marché aux Chevaux. Cette place a servi à passer les soldats par les armes; cette exécution s'est faite ensuite dans la Place des Capucins; en 1776 cette peine fut abolie. L'estrapade était une machine de bois fort élevée, disposée à peu près comme les grues des bâtimens; à son extrémité la plus élevée, était une corde correspondante à un tourniquet. L'estrapade se donnait en liant les pieds et les mains du coupable derrière le dos, à cette corde; à l'aide du tourniquet on le montait jusqu'au haut de la machine, et on le laissait retomber de la même manière jusqu'à deux ou trois pieds de la terre, ce qui se renouvelait autant de fois que le portait la sentence. Pour les marins, cette peine s'appelle cale: une poulie, dont la corde est passée dans une mâture, fait l'office que faisait l'estrapade.

LOTERIE,

Rue Neuve-des-Petits-Champs.

La Loterie, disait Linguet, est un impôt mis sur les mauvaises têtes. C'est probablement d'après cette idée que leur nombre a triplé, et avec elles l'impôt; car maintenant la Loterie, qui ne se tirait que deux fois avant sa dernière suppression, se tire les 5, 15 et 25 de chaque mois. Il n'est peut-être pas hors de propos de remarquer que cet impôt onéreux mais libre fut toujours mis pour entreprendre et soutenir une fondation pieuse, un établissement utile, et que son revenu, ou en partie, fut toujours assigné aux maisons de charité et de piété.

On ne compte plus maintenant qu'une seule Loterie en France : celle des Enfans Trouvés et de Piété a été supprimée. A Bruxelles, Bordeaux, Lyon, Strasbourg, il se fait aussi par mois trois tirages.

Après avoir déclamé contre les Loteries avec son originale éloquence, Mercier, à sa nouvelle création, a été nommé contrôleur de cet établissement, dont l'administration est rue Neuve-des-Petits-Champs, et où se tirent de la roue les numéros. Les lundis, mercredis et samedis l'administration donne audience de dix heures à midi.

LANTERNES.

Ce fut en 1666 que Paris commença à être illuminé par des lanternes, avec des chandelles, et pendant neuf mois de l'année seulement, encore en exceptait-on les huit jours de lune. En 1729, on comptait à Paris cinq mille sept cent soixante-douze lanternes. Depuis on en plaça sur les cours, dans les faubourgs, et maintenant tout Paris en est garni.

Des prix proposés à ceux qui trouveraient

la manière la meilleure d'illuminer Paris, encouragèrent quelques personnes à tenter des découvertes qui rempliraient le but d'utilité et d'économie qu'on s'était proposé. On réussit, et chaque jour on perfectionne cet établissement.

En 1780, on plaça des réverbères sur toute la longueur de la route de Paris à Versailles, et un plaisant fit à ce sujet le quatrain suivant :

> Sur le chemin qui conduit à la cour
> On a placé maint et maint réverbère ;
> De plus en plus de jour en jour
> Je vois que mon pays s'éclaire.

BUTTE DU MONT-PARNASSE.

On nomme Butte du Mont-Parnasse une éminence qui se trouve sur les Nouveaux Boulevards derrière le mur qui servait d'enclos au jardin des Chartreux, et qui, maintenant, borne celui du Luxembourg. Les écoliers qui se rassemblaient, et se rassemblent encore dans cet endroit les jours de congé, lui ont fait donner le nom de Butte du Mont Parnasse. Ce terrain servit souvent de champ-clos littéraire où ces jeunes-gens, élèves des muses, allaient disputer sur des questions d'école. Les arrêts que ce petit aréopage rendit, l'emportèrent quelquefois sur ces prétendus décrets des pédans titrés qui régentaient avec un sceptre de plomb. Sur cette Butte du Mont-Parnasse on voyait deux moulins à vent, l'un appelé le Moulin Janséniste, l'autre le Moulin Moliniste, par allusion à ces deux partis qui fréquentaient ces deux cabarets, et y disputaient, le verre à la main, sur la grâce efficace et la grâce concomitante, et sur d'autres cruelles minuties, qui ont incendié l'Europe et divisé les hommes sur le seul, l'unique intérêt de leur conscience, la connaissance d'un Dieu juste et rémunérateur qu'il faut adorer et servir.

OBSERVATOIRE.

Situé au haut du faubourg Saint-Jacques, cet édifice, aussi singulier que magnifique, fut élevé sous le ministère de Colbert, sur les dessins de Claude Perrault. Il fut commencé en 1668 et terminé en 1671. Son ensemble et ses détails portent le caractère de noblesse et de simplicité qui convient aux sciences dont il est le sanctuaire. Louis XIV a fait de plus grands monumens, mais celui de l'Observatoire me paraît donner l'idée la plus parfaite du goût et de l'esprit de son siècle. Ce bâtiment est vaste, grand, solide ; la composition en est bien ordonnée, sa distribution bien calculée. Les quatre faces regardent aux quatre points cardinaux. Il n'est entré ni fer ni bois dans sa construction; les murs, les voûtes, les escaliers, sont en pierres de taille du plus bel appareil et du plus beau choix, surtout dans la partie méridionale, dont le coup d'œil est plus agréable que celui de la partie du nord.

Dans une des plus grandes salles de l'Observatoire. de Chazelles et Sedillan, académiciens, ont dessiné une carte universelle en cercle, sous la direction de Jean-Dominique Cassini, le plus fameux astronome de l'Europe, que Louis XIV avait attiré à Paris, où il mourut âgé de quatre-vingt-sept ans, en l'année 1712.

C'est à l'Observatoire que, juché sur sa plate-forme, le cou tendu, l'œil fixé sur la voûte des cieux, Jérôme Lalande observe le mouvement des astres qui roulent sur nos têtes, découvre des milliers d'étoiles, et annonce des comètes qu'on ne voit pas, et prédit la fin du monde qui n'arrive pas, et épouvante les femmes et les petits enfans, par les mille et une bilvesées qu'il raconte sérieusement et fait imprimer avec faste dans les journaux. Je ne parle point de l'athéisme qu'affiche Jérôme Lalande : de toutes ses plaisanteries c'est la moins dangereuse et la plus ridicule.

Il y avait encore plusieurs observatoires particuliers à Paris, celui des Capucins de la rue Saint-Honoré, celui de l'hôtel Cluni rue des Mathurins, celui de Sainte-Géneviève, celui du Collége Royal place de Cambrai; ces deux derniers ont été réparés.

ISLE LOUVIER.

En 1370 elle s'appellait l'île des Javiaux : et Javeau est un terme des eaux et forêts qui signifie une île nouvellement faite au milieu d'une rivière, par alluvion, ou amas de limon et de sable. En 1425 elle prit le nom de l'Isle-aux-Meules des Javeaux; ensuite l'Isle-aux-Maules, et à présent l'île Louvier. Cette dernière dénomination ne laisse aucune trace de son origine. En 1549 les prévôts et échevins de Paris firent construire un fort et une espèce de gare, pour donner à Henri II le spectacle d'un combat naval et d'un siége. Cette île est un vaste chantier de bois à brûler, etc.

INSTITUT NATIONAL

DES SOURDS-MUETS,

Rue Saint-Jacques, au séminaire Saint-Magloire.

Cette institution rapelle le nom de l'abbé de l'Épée, et son nom donne l'idée de la vertu, de l'humanité et de la bienfaisance. Ce fut ce digne homme qui fonda cette école, et devint le second père des enfans qu'il y admit. Après lui vint l'abbé Sicard, dont les soins et l'étude augmentèrent encore le domaine de la pensée de ces tristes victimes des caprices de la nature. C'est à eux qu'elles doivent le bonheur, non-seulement de n'être point rejetés du sein de la société, mais encore d'y briller avec avantage dans les sciences et les arts d'agrémens; et d'y déployer une intelligence qui tient du prodige. Les séances publiques ont lieu le dernier dimanche de chaque mois. Il suffit pour avoir un billet d'entrée d'écrire à M. l'abbé Sicard.

Pie VII, pendant son séjour à Paris, a assisté à une exercice de ces intéressans enfans. L'élève Massieu a étonné sa sainteté et tout l'auditoire, par sa sagacité, la profondeur de ses raisonnemens, et la vivacité de ses réponses.

CABINET DE M. BERTRAND,

Au palais du Tribunat, côté rue de la Loi, n.° 23.

C'est dans ce cabinet que M. Bertrand a rassemblé toutes les parties qui entrent dans la structure du corps humain, et le tout en cire coloriée avec tant d'art, que l'œil est trompé par la vérité, le ton, le transparent des chairs. Il y a dans ce local une salle qui ne s'ouvre qu'aux artistes et aux personnes qui veulent connaître les secrets et les erreurs de la nature. Dans une autre, la naissance, les progrès et les suites affreuses des maladies, fruit empoisonné du libertinage, y sont développés d'une manière terrible. Le cœur se serre, l'imagination est comprimée, quand on s'arrête un instant sur ces tableaux que l'artiste a peints avec une vérité frappante. La vue de ces objets est un cours de morale plus sûr que toutes ces déclamations contre l'onanisme et l'impureté.

LUXEMBOURG.

La veuve de Henri IV, Marie de Médicis, fit jeter les fondemens de ce palais en 1615, sur le modèle du palais Pitti des ducs de Toscane à Florence. Jean de La Brosse, célèbre architecte, en dirigea les travaux. L'architecture de ce palais est d'un caractère mâle. Ses proportions sont d'une parfaite régularité; la façade qui est du côté de la rue de Tournon, forme une terrasse ornée de balustres. Au milieu s'élève un pavillon terminé par un dôme avec sa lanterne. Ce pavillon est composé des ordres toscans et doriques l'un sur l'autre, et entouré de plusieurs statues. Cette terrasse se termine des deux côtés par deux gros pavillons carrés. Chacun est décoré d'une statue.

C'est dans ce palais que le Sénat Conservateur s'assemble. Il l'a fait restaurer, et y a fait faire aussi des changemens extérieurs et intérieurs; et on a démoli tous les bâtimens qui dégradaient la majesté de ce magnifique monument. L'escalier qui conduit à la salle des séances du sénat, est regardé comme un des plus beaux morceaux en ce genre. Depuis la première marche jusqu'au faîte, chaque face latérale du mur est ornée de sculptures exécutées avec beaucoup de soins dans la pierre même, dont le mûr est bâti. La voûte arrondie en berceau, est variée par divers dessins, non ciselés dans la pierre : ce sont des pièces de rapport fixées au plafond par des chevilles de fer, et distribuées dans des proportions heureusement calculées pour charmer les yeux. Les degrés sont d'un seul morceau de pierre aussi large que la montée. Une fois arrivé au haut de l'escalier, on voit plusieurs salles intermédiaires : les unes pour la garde, d'autres destinées aux envoyés des premières autorités, pour y attendre leur introduction et la réponse à leur message. La salle des séances, qui se trouve au centre de la façade du château donnant sur le parterre, n'a aucune vue extérieure, et ne reçoit le jour que par une ouverture supérieure. Elle est chauffée par un procédé nouvellement adopté en France. Des conduits circulaires, pratiqués entre le plancher et le parquet, promènent de tous côtés la chaleur, dont les foyers sont établis dans un étage supérieur.

Despercieux a fait les figures du frontispice du côté de la cour. Celles du jardin sont de Cartelier.

Le Sénat Conservateur a un muséum curieux distribué en trois salles : la première renferme les vues de tous nos ports de mer, par Vernet et Hue ; la seconde, les ouvrages de Raphaël, de Rubens, du Corrége, et du sénateur Vien ; la troisième, les tableaux de Le Sueur. Au milieu de cette salle, on voit le buste de ce peintre célèbre, élevé sur un piédestal. On a rétabli la galerie de Rubens.

On doit à l'architecte Chalgrin une partie des nouveaux embellissemens du Luxembourg. Le jardin est beau et très-bien entretenu. On dispose un logement pour le grand-électeur de l'empire.

La bibliothéque de l'Arsenal doit être transportée au Sénat, et sera publique.

On peut voir le muséum du Luxembourg les lundis, mardis et dimanches.

PALAIS.

— PALAIS DU CORPS LÉGISLATIF, ci-devant Palais Bourbon. MM. Gabriel père, Girardini et l'Assurance ont fourni les plans de ce palais, qui fut élevé en 1722, pour madame de Condé, fille naturelle de Louis XIV. Le prince de Condé chargea M. Carpentier de faire des augmentations à ce bâtiment. Il en décora l'entrée principale d'un arc de triomphe, d'ordonnance corinthienne, accompagné de galeries en colonnes isolées, portant des voussures ornées de caissons entre deux pavillons.

La place exécutée au-devant donne le point de vue nécessaire pour jouir de l'ensemble de ce monument.

Les sallons des grands appartemens ont été transformés en amphithéâtre, sur les dessins de Gisors. MM. Perciér, Fontaine, et Thébaint ont décoré la salle des séances. Les sculptures de la tribune sont de M. Le Mot; le bureau et le siége du président sont en acajou plein; le bas-relief au-dessus de la tribune représente deux figures assises; l'une est l'Histoire, l'autre la Renommée qui publie les grands événemens. Sur la même face, dans six niches pratiquées à la droite et à la gauche du président, on voit six statues représentant les législateurs grecs et romains : Lycurgue, Solon, Démosthène, Brutus, Caton et Cicéron.

La salle reçoit le jour par en haut. Le pavé du centre en compartimens, est orné d'attributs allégoriques. Les deux grandes portes d'entrée sont en acajou massif, avec des étoiles en or; leurs chambranles de marbre blanc sont richement sculptés; le pourtour des murs est revêtu de stuc, recouvert de lames de cuivre doré.

Une statue en pied de Napoléon, sculptée par Chaudet, et élevée sur un cube carré, est au milieu de la salle des séances du Corps Législatif.

— PALAIS DU TRIBUNAT, ci-devant Palais-Royal. Ce fut le cardinal Richelieu qui bâtit ce palais en 1636 : il s'appella Palais Richelieu, puis Palais Cardinal. Richelieu l'ayant donné par testament à Louis XIII, en 1642, Anne d'Autriche vint l'habiter avec Louis XIV. Il prit alors le nom de Palais Royal. A la mort de Louis XIV il passa dans la famille d'Orléans, qui l'occupa jusqu'en 1794. Le dernier duc de ce nom fit abattre la grande allée en 1786, et sur les dessins de l'architecte Louis, on éleva les galeries. En 1802, on disposa la salle des séances du tribunat. Ce fut M. de Beaumont qui en donna les plans. Cette salle est d'une forme circulaire, décorée par une colonnade en stuc d'ordre ionique, qui supporte la galeri publique. Toute cette ordonnance réunit le goût à la simplicité. A l'entrée de la salle, on voit deux statues de forte proportion; l'une représente Démosthène, l'autre Cicéron.

La rampe de l'escalier qui conduit à cette salle passe pour un chef-d'œuvre en ce genre.

Le palais du Tribunat est à Paris ce que Paris est à l'univers. Tous les arts y sont comme dans leur domaine. Ils s'y multiplient sous mille formes séduisantes. Le luxe y déploie toutes ses ressources, le plaisir toutes ses couleurs. C'est l'entrepôt de toutes les marchandises de l'univers, le rendez-vous de tous les hommes qui l'habitent. Les galeries offrent une foire perpétuelle. C'est un mouvement, une agitation, une oscillation, un bruit !!! L'œil est arrêté à chaque instant sur un chef-d'œuvre, sur un tableau, sur un magasin de porcelaine, d'orfévrerie, de bijouterie, etc.

Sous les galeries de bois on trouve un grand nombre de libraires, qui vous procurent les meilleurs livres.

On trouve des cabinets de lecture, des cabinets de réunion, des maisons de jeux, des filles folles de leur corps qui rendent sous les autres, des cafés élégans ; enfin on trouve de tout au palais du Tribunal. On a dit cependant que tous les arts et métiers y sont réunis, excepté la boutique d'un apothicaire, qu'on n'y rencontre point.

CHÂTEAU D'EAU.

En face du palais du Tribunat est une grande place bornée par un bâtiment appellé Château-d'Eau. Il fut élevé en 1719, sur les dessins de Decotte. Il contient des réservoirs d'eau de la Seine et d'Arcueil. Un avant-corps formé par quatre colonnes doriques, est couronné par un entablement et un fronton, au-dessus duquel sont un Fleuve et une Nayade, par Coustou le jeune. Son architecture est ornée de bossages rustiques et vermiculés dans la niche du milieu, décorée de congellations.

FILLES PUBLIQUES.

Charlemagne voulut, en 808, arrêter le torrent du libertinage qui inondait Paris, et tâcha d'en bannir les femmes publiques et les filles de mauvaise vie. Il fit rendre contre elles des ordonnances très-sévères; il les fit condamner à la peine du fouet, et ceux qui les avaient logées étaient contraints de les porter sur leurs épaules jusqu'au lieu de l'exécution. Toutes ces précautions, toutes ces peines afflictives, n'eurent pas l'effet qu'on en attendait; l'expérience démontra que les filles publiques étaient un mal nécessaire dans une ville populeuse, et l'on se décida à les tolérer : on fit plus, on permit qu'elles fissent corps ; elles furent imposées à des taxes ; elles eurent leurs statuts, leurs réglemens et leurs juges ; elles prirent le titre de Femmes amoureuses, Filles folles de leurs corps ; elles prirent la Madeleine pour leur patrone, et tous les ans elles faisaient une procession publique. Elles eurent des quartiers qu'on leur assigna pour y exercer leur profession ; ces rues, dont plusieurs sont encore de leur domaine, étaient les rues Tirou, Chapon, Fromenteau, Pavée, Glatigni, Tire-Boudin, Brise-Miche, du Renard, du Heurleur, de la Vieille-Bouclerie, de l'Abreuvoir, du Champ-Fleuri, etc. Elles avaient, dans chacune de ces rues, un clapier qu'elles ornaient avec goût, pour le rendre plus attrayant et attirer plus de chalans. Il leur était enjoint de s'y rendre à dix heures le matin, et d'en sortir l'hiver à six heures du soir, dans l'été, de huit à neuf.

Il y avait de ces femmes privilégiées qui suivaient la cour ; cet usage était encore en vigueur il y a douze ans. Les plus célèbres appareilleuses allaient aux voyages de Compiègne, de Fontainebleau, etc. Les filles de joie qui suivaient la cour de Charlemagne et de ses successeurs étaient tenues, tant que le mois de mai durait, de faire le lit du roi des Ribauds : on voit, par plusieurs traits épars dans l'histoire, que ce roi des Ribauds avait à la cour une charge considérable, que même il avait une juridiction pour certains points de police, dans la maison royale et même dans tout le royaume. Il pouvait être le grand inspecteur des filles folles de leur corps, et en cette qualité il méritait beaucoup d'égards, car il pouvait ôter à celles qui lui déplaisaient leur brevet de libertinage. On sait quel despotisme les inspecteurs de police chargés des boues et des filles publiques exerçaient jadis sur ces dernières. On sait que ces sultans français étaient entourés de ces malheureuses filles, qui, pour un refus, étaient envoyées à Saint-Martin, par leurs hautesses.

Si le nombre des Filles folles de leur corps était du temps de Charlemagne en raison de la population ; si ces filles sont un mal nécessaire, on ne doit point être surpris de savoir qu'un relevé fait en 1775 fit monter à vingt-huit mille l'état de ces filles, et que depuis ce temps il s'est encore considérablemen accru. Le soir elles se répandent dans les rues comme un essaim de frelons pour pomper le suc des étourneaux ; le jour même, sur les quais, sur les ponts, elles trafiquent de leurs charmes ; c'est là que, le front sillonné par la débauche, le cou tendu, les yeux caves et éraillés, les lèvres épaisses et livides, les dents pourries, les joues barbouillées de gros rouge, le teint plombé, la tête couverte d'un bonnet rond en guenille, ces malheureuses provoquent le passant à la débauche, l'enivrent et l'empoisonnent, etc.

En 1420, Louis VIII, pour établir une distinction entre les femmes honnêtes et les filles publiques, qui rivalisaient de luxe et d'atours, défendit à ces dernières de porter certains ajustemens qui étaient alors à la mode, et connus sous le nom de ceintures dorées. Les réglemens furent rendus, mais on ne les suivit point ; et il ne reste à la vertu que sa conscience pour être distinguée de la ribaude ; et de là ce proverbe : Bonne renommée vaut mieux que ceinture dorée. Il y avait quelques provinces où l'on obligeait les Filles folles de leur corps, de porter une aiguillette sur l'épaule ; de là dérive un autre proverbe : Femme qui court à l'aiguillette ;

pour dire qu'elle s'abandonne au premier venu.

En 1560 on tint des états généraux à Orléans pour s'occuper du soin de régler le royaume. L'article des mœurs y fut discuté, et on ordonna l'abolition de tous les lieux de prostitution publique, qui pendant plus de quatre cents ans avaient été tolérés. Qu'arriva-t-il ? la loi fut éludée ; les filles publiques ne conservèrent plus leur état fixe ; elles n'eurent plus de clapier dans tel ou tel endroit, mais elles se répandirent dans tous les quartiers qu'elles infectèrent, et la police n'eut plus sur elles de vigilance aussi active et aussi sûre.

Sous le règne de Henri IV, le docteur Cayet, son sous-précepteur, présenta un mémoire au parlement, dans lequel il démontra la nécessité de rétablir les filles publiques. Depuis ce temps Paris a vu circuler ce poison d'une manière effrayante ; mais cet article n'est pas de mon sujet.

Si l'on vit le gouvernement tolérer les filles publiques, souffrir qu'elles eussent des statuts, des réglemens, on ne sera pas moins étonné d'apprendre que le 28 août 1347, Jeanne, reine de Naples et comtesse de Provence, établit elle-même, à Avignon, un clapier; qu'elle en dicta elle-même les articles constitutionnels; qu'elle y mit toute l'importance qu'aurait exigé un établissement utile. Elle ordonna que les filles de joie s'observassent soigneusement dans leur conduite; que la jalousie, ni aucune rixe ne vinssent troubler leur institution; que la plus exacte probité régnât parmi elles; qu'elles ne se battissent jamais, et qu'unies par les mêmes devoirs comme les mêmes penchans, elles vécussent dans la plus intime confiance et comme faisant partie d'une même famille. Elle voulait que leur supérieure connût des délits, des différens et les jugeât sévèrement. Elle régla les détails de la maison clapière; elle ordonna qu'il y eût une porte qui s'ouvrît à tout le monde, mais qu'elle fermerait à clé, afin que quelques jeunes gens indiscrets ou trop ardens ne vissent les filles sans l'aveu de la supérieure. Cette supérieure devait être élue tous les ans, et par le conseil de la ville. La supérieure ne devait pas souffrir qu'aucun Juif entrât dans ledit lieu; s'il arrivait qu'un d'eux s'y introduisît furtivement, il devait être emprisonné et fouetté publiquement.

En Hollande et dans les Pays-Bas autrichiens, ce que l'on appelle musico ou clapier, est organisé sur le plan du clapier de la reine de Naples ; à l'exception que ce sont des hommes qui sont les supérieurs, les geoliers et souvent les bourreaux de ces malheureuses Filles folles de leur corps.

ÉCOLES DE CHIRURGIE,

Rue des Cordeliers.

La Médecine, la Chirurgie, la Pharmacie marchèrent long-temps unies ; mais les connaissances s'étant accrues, et quelques hommes de génie ayant osé déchirer ce bandeau de l'ignorance et de la superstition qui pesait sur les yeux des peuples dans les derniers siècles, on divisa le grand art de guérir : la médecine calcula nos maux pour en diminuer la somme ; la chirurgie garda son scapel ; la pharmacie distilla le suc des plantes. A mesure que l'homme fit des découvertes utiles, le désir de les communiquer à ses semblables, pour les soulager, fut un besoin pour lui, il s'en rapprocha. Ceux qui couraient la même carrière, se lièrent ensemble, formèrent un foyer d'où jaillit la lumière qu'ils répandirent ensuite sous différentes formes. Le nombre des chirurgiens s'étant augmenté, on sentit la nécessité d'un établissement qui, dans son sein, s'occuperait des nouvelles découvertes dans la chirurgie, les méditerait, les pratiquerait et les appliquerait ensuite.

Pénétrés de l'importance de leur état, et animés du désir ardent de servir l'humanité, M. Maréchal, premier chirurgien du roi, et M. de La Peyronnie, désigné son successeur, s'occupèrent d'un projet d'établissement, et d'un code de réglement pour une académie de chirurgie à établir sous la protection du roi. Ce projet fut fait et lu, le 18 décembre 1731, dans une assemblée particuliere qu'on peut regarder comme la première séance académique. Le projet qui fut imprimé, fut accueilli favorablement par le roi et par le public. Une déclaration du roi, en date du 23 avril 1743, rétablit les chirurgiens dans l'état où ils étaient avant 1655. Cette déclaration fut l'ouvrage de M. Daguesseau, dont le nom est toujours lié aux monumens durables que consacrèrent l'humanité, la justice et la piété. En 1748, on établit, par lettres-patentes, l'académie de chirurgie. M. de La Martinière, alors premier chirurgien du roi, et que son zèle pour le bien public porta toujours à être utile, ayant représenté à Louis XV que tout ce qui concerne la chirurgie ne pouvait se développer dans un amphithéâtre aussi petit que celui qui subsiste encore, il obtint l'emplacement du collége de Bourgogne, qu'on a démoli, et sur lequel on construisit un édifice magnifique, des salles vastes et commodes. M. Gondouin, architecte du roi, en donna le plan et les dessins.

La façade de l'académie de chirurgie a trente toises sur la rue des Cordeliers; elle est décorée d'un péristyle d'ordre ionique; a quatre rangs de colonnes surmontés d'un étage qui contient la bibliothéque et le cabinet d'anatomie. Le principal ornement de la porte d'entrée, est un bas-relief de trente-un pieds de longueur; il représente Louis XV, accompagné de Minerve et de la Générosité, accordant des grâces et des priviléges à la Chirurgie qui a à ses côtés la Prudence et la Vigilance. Le Génie des Arts présente au roi les plans des Écoles de Chirurgie. Le reste du bas-relief est rempli de malades. Ces chefs-d'œuvres sont de la main de M. Berruer, sculpteur.

Le même ordre ionique règne au pourtour de la cour, et sert d'imposte à un ordre corinthien qui forme le frontispice de l'amphithéâtre; ce frontispice, ouvrage de M. Berruer, représente l'union de la Théorie et de la Pratique; on a placé au-dessous de ce fronton, dans les entre-colonnes, les portraits ou médaillons de cinq chirurgiens célèbres : Jean Pitard, Ambroise Paré, Georges Maréchal, François de La Peyronnie, Jean-Louis Petit. L'amphithéâtre peut contenir environ douze cents personnes. En 1774, le 14 décembre, Louis XVI en posa la première pierre; il est couvert par une demi-coupole, décoré avec des caissons et des rosasses. La peinture, exécutée à fresque sur la partie du mur diamétral, qui est au-dessus de la porte principale, et qui fait face aux caissons, est de l'espèce de celle que les Italiens appellent clair-obscur; elle représente une allégorie que le peintre, M. Gibelin d'Aix en Provence, a divisée en trois, en les liant cependant assez pour conserver l'unité du sujet. C'est la théorie de l'art, la protection du souverain qui en accélère la perfection et la pratique. Louis XVI est sur un trône, entouré de Vertus : on distingue la Prudence, l'Humanité, la Libéralité et la Munificence; cette dernière étale des cordons de Saint-Michel, pour exciter les élèves à s'en rendre dignes; la France, aux pieds du roi, lui témoigne sa reconnaissance, et l'Amour des Peuples met sur sa tête une couronne formée des cœurs des Français; au devant est le chef de la Chirurgie, qui présente les maîtres et les élèves; le roi les accueille avec bonté, et leur indique le lieu où est la théorie de l'art; il est écrit sous ce milieu, en caractères gravés dans le mur :

La bienfaisance du monarque hâte leurs progrès, et récompense leur zèle.

Pour exprimer la Théorie, M. Giberlin a rassemblé ingénieusement, dans une enceinte, les anciens chirurgiens qui étaient médecins en même temps, auxquels Esculape enseigne lui-même les principes de l'art; Andromachus est appuyé sur un vase de thériaque, dont la découverte lui a été inspirée par ce dieu; dans un coin est la figure de l'Étude, occupée à lire à la lueur d'une lampe; elle est séparée du reste de la composition par un piédestal portant un vase sur lequel est écrit

BAAEAMON.

La devise de la théorie est :

Ils tiennent des dieux les principes qu'ils nous ont transmis.

De l'autre côté du tableau, après le chef de la chirurgie et les élèves, est une colonne milliaire, sur laquelle on lit cette inscription :

A l'immortelle gloire de Louis Auguste le Bienfaisant.

Cette colonne est le signe de l'espace qu'on a pu mettre réellement entre les figures. On voit ensuite des combattans, des généraux blessés, et des chirurgiens intrépides qui, bravant les dangers, s'exposent dans la mêlée pour les secourir ; on lit au-dessous :

Ils étanchent le sang consacré à la défense de la patrie.

Au-dessous de cette peinture, et aux deux côtés de la porte, on voit avec plaisir les bustes des deux illustres fondateurs de l'académie de chirurgie : MM. de La Peyronnie et de La Martinière ; l'un et l'autre sont sortis du ciseau de Le Moyne. En face, au-dessous des roses, et vis-à-vis les autres inscriptions, on lit, gravé dans le mur, ce distique si expressif de Santeuil :

Ad cœdes hominum prisca amphitheatra patebant :
Ut longum discant vivere, nostra patent.

Que l'on ne croie pas que les professeurs de l'école de chirurgie bornent leurs études à connaître la théorie de leur art divin. La pratique fixe leur tendre sollicitude. On voit, dans la même maison, plusieurs lits où l'on traite gratuitement les maladies chirurgicales. C'est là que l'on fait des observations très-précieuses pour l'humanité. Le malade devient l'objet de soins tous particuliers ; l'art épuise ses ressources pour le guérir. Malgré les déclamations de quelques envieux ou de quelques ignorans, ou entêtés qui se refusent à l'évidence, on a fait de grands progrès en médecine, et j'ai entendu dire à des médecins désintéressés, et étrangers à toute coterie, que la chirurgie avait poussé l'art de la dissection et du pansement jusqu'à la ligne qui sépare la créature du créateur; il me citait MM. Louis, Petit, Moreau, et ce généreux Dessault, dont le nom rappelle tant de pénibles souvenirs, et M. Pelletan, et autres hommes d'un aussi grand mérite, qui savent unir la pratique la plus exercée à la plus profonde théorie.

Dans l'aile droite, au rez-de-chaussée, sont des salles pour la visite des malades ; au-dessus est le cabinet des instrumens de chirurgie, anciens et modernes. Le rez-de-chaussée de l'aile gauche présente un escalier qui conduit à la bibliothéque ; ensuite une grande salle où se voyait la statue de Louis XV, sculptée par Tassaer; vis-à-vis, dans le fond de la salle, est la chaire du professeur, en forme de tribune, avec une balustrade ; dans les six niches correspondantes aux fenêtres, M. Gibelin a peint à fresque six figures imitant le relief, et M. Machi, les niches ; les figures représentent la Pharmacie, l'Ostéologie, la Botanique, la Myologie, la Pathologie et l'Angyologie. La figure d'Hygée, déesse de la santé, que l'on voit dans l'escalier, est aussi à fresque, peinte par Gibelin. Le rez-de-chaussée est terminé par l'école pratique. Dans l'étage qui est au-dessus de cette aile gauche, on admire une figure représentant un Écorché, par M. Houdon dont le génie a donné tant de chefs-d'œuvres.

Il manquait à cet édifice, imposant par sa noblesse une place, afin de jouir de la vue de son ensemble et de ses beautés de détail. L'exécution en est déjà commencée sur le terrain de l'ancienne église des Cordeliers ; on y réunit les deux fontaines de la rue des Cordeliers.

BIBLIOTHÈQUES.

— Bibliothéque impériale. Quelques manuscrits du roi Jean composèrent les premiers élémens de cette bibliothéque. Ce fut Charles v qui les recueillit, les augmenta et les plaça en ordre au Louvre, dans une tour qui prit le nom de Tour de la Librairie. Ce précieux dépôt s'accrut sous les successeurs de Charles v. Il devint considérable sous le ministère de Colbert, qui fit bâtir pour le recevoir, le bâtiment qu'on voit rue de Richelieu. On compte environ trois cent cinquante mille volumes. Cet établissement est distribué en quatre parties. La Bibliothéque, le cabinet des Antiques, le cabinet des Gravures, la galerie des Monumens. Il est ouvert aux hommes de lettres tous les jours, depuis dix heures jusqu'à deux, excepté les dimanches et les jours de fêtes nationales. Les curieux peuvent y entrer les mercredis et jeudis aux mêmes heures.

MM. Caperonier, Vanpraten et Robert, sont les chefs de cet établissement. On ne peut que se louer de la manière digne avec laquelle ils accueillent les littérateurs.

On admire dans une des salles le Parnasse

français, de Titon du Tillet; les deux magnifiques globes du jésuite Coronelli, construits en 1683. Il est aussi des manuscrits précieux par leur antiquité.

Dans le cabinet des Antiques, on voit l'armure complète de François I.er, etc. Pour connaître l'ensemble et les détails de ce cabinet, on peut consulter la description savante qu'en a faite M. Millin.

Entre autres gravures qui se trouvent dans le cabinet des Gravures, les yeux étonnés s'arrêtent sur le portrait du roi Jean. C'est le premier monument de la peinture en France.

La salle des Manuscrits offre les plus extraordinaires; on y rencontre les lettres du grand Henri à la belle d'Estrées, les Heures de Louis XIV, etc.

— BIBLIOTHÈQUE MAZARINE, au ci-devant collége des Quatre-Nations, quai Malaquai. Le cardinal Mazarin est le fondateur de cette bibliothéque, qui contient environ soixante mille volumes. Elle est décorée de lustres, de bustes antiques et modernes. On y admire un globe terrestre nouvellement fait, sous la direction de M. Buache.

— LA BIBLIOTHÈQUE DE L'INSTITUT, au Louvre, est publique le mardi et le jeudi.

Celle DE LA VILLE est aux Jésuites, rue Saint-Antoine : on y entre le mardi, le jeudi et le samedi, depuis dix heures jusqu'à deux. Sa plus grande richesse consiste en herbiers et en dessins de plantes. Il est encore des bibliothèques qu'on peut consulter, et ce sont celles du Jardin des Plantes, de l'École de Chirurgie, de l'École des Mines, du Tribunal de Cassation, du Tribunat, du Conservatoire de Musique, de l'École Polytechnique, du Sénat Conservateur et du Corps Législatif.

Pour les bibliothèques Sainte-Géneviève, et de l'Arsenal, *voyez* Sainte-Géneviève et l'Arsenal.

ÉCOLES PUBLIQUES.

—De toutes les écoles, l'ÉCOLE POLYTECHNIQUE doit fixer plus particulièrement l'attention des étrangers. Son institution, son but, méritent les plus grands éloges, et honorent une grande nation. Cette école est consacrée aux jeunes gens qui se destinent au génie. Elle offre toutes les parties du grand ensemble qui forme le militaire et le savant : cours de physique, de dessin, de mathématiques, de chimie. Les personnages les plus recommandables par leur savoir, professent à cette école. Ce sont MM. Fourcroy, Guyton, Monge, Poisson, etc. Quoique les leçons ne soient pas publiques, il est facile d'y être admis en s'adressant aux professeurs, chez qui l'affabilité s'allie au mérite.

— On trouve au Louvre une École de Peinture, de Sculpture et d'Architecture ; et chacun de ces arts est professé par un artiste célèbre. Il y a une salle destinée aux élèves qui veulent y dessiner. Le gouvernement fait les frais des modèles.

— Faubourg Poissonnière, au coin de la rue Bergère, on trouve un établissement musical, sous le titre de Conservatoire de Musique. Le gouvernement ne néglige rien pour donner à cet établissement le degré de splendeur et d'utilité qu'il exige. Les artistes les plus distingués professent à cette école, qui possède une très-belle bibliothéque musicale.

— Place Cambrai, on voit le Collége de France, institué par François I.er, et construit en 1500. M. Chalgrin le rétablit sur un nouveau plan en 1775. Ce collége réunit en professeurs les hommes les plus célèbres dans toutes les branches de littérature, de chimie, d'histoire naturelle, de physique, de médecine, d'astronomie, de mathématiques, d'anatomie, d'histoire, de grec, d'éloquence, de poésie, de morale.

— Rue de l'Arbre-sec, on voit une ÉCOLE DE PHARMACIE, où l'on fait des cours publics et gratuits de chimie, de botanique et de matière médicale. On y trouve aussi un jardin botanique ouvert tous les jours, excepté le dimanche.

— Rue Vendôme est une ÉCOLE DE JURISPRUDENCE ; c'est là qu'on y enseigne tout ce qui peut former les Daguesseau, les Cochin, les Lamalle.

— L'ACADÉMIE DE LÉGISLATION est située rue de La Harpe. C'est une école pour les jeunes avocats.

— Rue Saint-Honoré, chez M. Rondonneau, on trouve un dépôt de toutes les lois de tous les décrets, de tous les arrêtés du gouvernement, et de tous les arrêts des cours civiles, criminelles et spéciales. On y trouve aussi des sallons de lecture et de conférence.

— Les frères Piranesi tiennent une académie des beaux-arts, rue de la Montagne Sainte-Geneviève, au collége de Navarre. On y trouve réuni tout ce que les arts peuvent offrir d'intéressant en gravure, en sculpture, en mosaïque, en paysage, etc.

—Rue de Reuilly, faubourg Saint-Antoine, est située la Manufacture des Glaces. C'est aux soins de Colbert que la France est redevable de ce magnifique établissement. L'art de couler les glaces est dû à un François nommé Thevart, en 1559. Il est sorti de la manufacture des glaces, des pièces de cent deux pouces de hauteur. On peut voir les différens atteliers où se polissent et s'étament les glaces : ce travail est admirable.

—Les autres manufactures les plus recommandables sont celles de bronze doré, rue du Temple, près le boulevard ; celle de porcelaine, au coin du boulevard du Temple, sous la direction de M. Dith ; de cristaux, cour des Fontaines ; de draps, aux Quinze-Vingts ; de meubles précieux, rue Mêlée, chez les frères Jacob ; de fleurs artificielles, enclos du Temple ; d'horlogerie, pavillon des Quatre-Nations ; d'étoffes pour meubles, rue de la loi ; de poêles, rue Neuve-des-Mathurins ; de papiers peints, au coin de la rue Louis-le-Grand, faubourg Saint-Antoine, boulevard Italien ; de plaqué d'argent, rue Lancry ; de sparterie, rue Popincour ; de tapis veloutés, rue des Vieilles-Audriettes ; de vernis et peintures sur métaux, rue Martel : le dépôt est boulevard Montmartre, n.° 26 ; de vinaigre, rue Saint-André des Arcs ; de velours à la turque, faubourg Saint-Antoine.

ARSENAL.

François I.er ayant besoin d'un vaste local pour une fonderie de canons, le prévôt des marchands lui prêta les granges de l'artillerie, qui appartenaient à la ville. Une explosion causée par une chute de tonnerre, ayant détruit une tour qui faisait partie de cet arsenal, il fut rétabli par Charles IX, Henri III et Henri IV. En 1718, on fit abattre une partie des anciens bâtimens de l'Arsenal, pour y élever l'hôtel du gouverneur. Ce furent les plans de Germain Bossrand qu'on exécuta. Les appartemens en sont magnifiques ; on remarque surtout celui qu'occupait autrefois le grand-maître de l'artillerie. Mignard a peint au plafond du sallon un sujet qui est la France triomphante. En entrant par le quai des Célestins dans la cour des vétérans, est la bibliothèque de l'Arsenal : cette magnifique collection est due aux soins du célèbre Paulmy d'Argenson ; elle doit être transportée au Sénat Conservateur. Sur la porte par laquelle on entre dans l'Arsenal, on lit les deux vers suivant : Santeuil, dit-on, aurait bien voulu les avoir faits ; ils sont de Nicolas Bourdon.

Ætna hæc Henrico vulcania tela ministrat,
Tela giganteos debellatura furores.

Le couvent des Célestins, qui touche au bâtiment de l'Arsenal, a été converti en casernes et loge la gendarmerie d'élite.

HALLES.

— HALLE AUX VINS. Cette halle est située en entrant à droite sur le quai Saint-Bernard. C'est là que viennent se rendre tous les vins pour l'approvisionnement de Paris, et cet approvisionnement est immense.

—HALLE AUX VEAUX. Cette halle ou le marché aux veaux, fut transférée du quai des Ormes sur le terrain des Bernardins, par lettres patentes du mois d'Auguste 1772. Ce fut M. Raynaudet de Roazières, contrôleur général des postes, qui présenta et fit agréer ce projet d'établissement, sous la magistrature de M. de Sartine. M. Le Noir le Romain, architecte, fut chargé de construire le marché aux veaux. Il est fait en forme de halle couverte. Son rez-de-chaussée est élevé de terre de trois pieds, sous lequel sont de très-grandes caves, dont les coins extérieurs sont fermés par des grilles de fer. Le pourtour est en plein air, et la couverture est soutenue par des piliers de pierre de taille, portant une charpente en arc surbaissé : par ce moyen, les animaux n'éprouvent point les intempéries des saisons. Quatre pavillons placés aux quatre coins de cette halle servent de greniers pour serrer les fourrages. Par un arrêt du conseil d'état du roi, en date du 19 janvier 1786, le marché aux suifs a été transféré à la halle aux Veaux.

SAINT-ANDRÉ-DES-ARTS.

Sous le règne de Philippe-Auguste, en 1210, quelques contestations s'étant élevées entre l'évêque de Paris et l'abbé de Saint-Germain-des-Prés, ce dernier, pour acquérir dans la ville de Paris un droit de patronage, fit bâtir l'église de Saint-André, celle de Saint-Côme et de Saint-Damiens, qui furent achevées en 1212. J'ai consulté tous les auteurs qui ont parlé de l'étimologie du nom André-des-Arts, des Ars, des Arcs. Aucuns ne s'accordent ; ainsi je suivrai l'usage reçu, et je dirai Saint-André-des-Arts. Cette église fut élevée dans le treizième siècle. La tour qui tenait encore du gothique, pouvoit être du quinzième. On voyait à Saint-André-des-Arts un grand autel décoré de dix tableaux, dont cinq peints par Samson, les cinq autres par Restout ; la figure de saint André, qui se voyait au milieu, fut le dernier ouvrage de Daniel Hallé, qui la fit à quatre-vingt-deux ans. Peu d'églises, à Paris, renferment autant d'illustres cendres que l'église de Saint-André-des-Arts; on peut la regarder comme le Panthéon des demi-dieux qui honorèrent la terre par leurs vertus, la charmèrent par leurs écrits, l'instruisirent par leurs doctes leçons, la touchèrent par leurs exemples, et l'enrichirent par leurs chefs-d'œuvres sortis de leurs mains.

On voyait le tombeau d'Anne-Marie Martinozzi, princesse de Conti qui, à l'âge de dix-neuf ans, renonçant au luxe des cours, vendit toutes ses pierreries pour nourrir les pauvres que la famine de 1662 avait réduits au désespoir. Cette bienfaisante princesse, restée veuve à vingt-neuf ans, se retira modestement dans ses terres, où elle consacra tous ses momens à l'éducation de ses fils, et à soulager les malheureux. Ce monument fut sculpté par le célèbre Girardon ; en face de ce tombeau on en admirait un autre élevé à la mémoire de François-Louis de Bourbon, prince de Conti, exécuté par Coustou l'aîné. Quelques fanatiques, sans doute, se sont récriés contre quelques parties de ce monument, en voyant la déesse Pallas dans le sanctuaire de Jésus, obombrer le front du prince d'une couronne de laurier. Cette mixture du sacré et du profane leur a semblé un crime irrémissible. Je voudrais pouvoir transcrire ici les ridicules productions qui inondèrent Paris à ce sujet ; on y verrait ce que peut l'esprit d'ergotisme et d'intolérance ; mais rien n'ajouterait, sans doute, au mépris profond qu'inspira dans tous les siècles le fanatisme religieux, qui fit de la France et du monde un théâtre d'horreur, un vaste cimetière.

Après ces deux monumens, le plus remarquable était celui de Claude Léger, ancien curé de la paroisse Saint-André-des-Arts. Ce vénérable pasteur est représenté descendant au tombeau avec résignation, et s'appuyant sur les bras de la Religion, derrière laquelle s'élève une pyramide, symbole de l'immortalité. Sur le socle servant de base à ce groupe, on voit la Charité dans l'attitude de la plus profonde douleur, causée par la perte d'un de ses plus fermes soutiens ; deux enfans, auprès d'elle, cherchent à la consoler par leurs innocentes caresses. Cette ingénieuse allégorie, dont les figures sont en stuc, a été composée et exécutée par M. Delaitre, sculpteur de Rome.

Dans le bas-côté droit était la chapelle de la famille de Thou qui illustra son siècle par ses qualités éminentes, et honora la magistrature par son intégrité. On voyait le buste en marbre blanc de Christophe de Thou ; ce morceau était de M. Prieur ; le mausolée de son fils Jacques-Auguste de Thou, posé dans la même chapelle, consiste en un sarcophage élevé sur une base ; quatre colonnes soutiennent un entablement qui couronne le tout. La décoration entière, dont la principale face est occupée par un bas-relief de bronze, est du fameux sculpteur François Anguier. Viennent ensuite les simples sépultures d'André Duchêne, mort en 1640 ; cet homme a répandu sur l'histoire générale et particulière de France, la plus grande clarté, et fourni les matériaux du meilleur goût.

Pierre d'Hozier, savant généalogiste, que le

roi en 1628 honora du cordon de l'ordre de Saint-Michel; il mourut en 1660.

Robert Nanteuil, célèbre graveur; ce fut pour récompenser son mérite éminent que Louis XIV, qui savait dignement servir les talens et les encourager, créa la charge de dessinateur et de graveur de son cabinet. La nature fut le premier maître de Nanteuil; il dessina et grava lui-même l'estampe de la thèse qu'il soutint sur la fin de sa seconde année de philosophie; il mourut en 1678.

Antoine Houdart de La Mothe, de l'académie française, fils d'un chapelier de Paris, assez riche pour lui faire faire ses classes et son droit; il parut se destiner à l'état ecclésiastique, et même à la plus austère pénitence, car il prit l'habit de novice à la Trape. Mais, ayant plus consulté son zèle que ses forces, il quitta l'habit religieux en 1697, et se consacra à l'étude des belles-lettres; il fut élu en 1710 à l'académie à la place de Thomas Corneille. Il est connu pour un littérateur distingué. Si tous ses ouvrages n'ont pas la même couleur, la même force, il en est qui suffisent pour lui assigner un rang distingué parmi les beaux esprits. S'il n'avait pas le génie poétique, il avait un sens droit et de l'esprit. Sa réputation s'affaiblit de jour en jour. Il y a tout à craindre pour l'immortalité d'un des quarante immortels : c'est en bronze qu'il faut fondre pour la postérité.

Le plus célèbre de nos jurisconsultes, et l'un des plus grands magistrats des siècles derniers, Charles Dumoulin ou Dumolin, avait sa tombe dans l'église de Saint-André-des-Arts ; il mourut en 1556.

Sur un pilier on voyait un petit sarcophage d'une composition simple et attachante. C'est un cippe surmonté d'une urne cinéraire, et du portrait de l'abbé Le Bateux, entouré des Muses et des attributs de ses talens. Ce monument fut élevé à ce savant distingué, par M. Auger ; tous les yeux s'y fixent avec plaisir, et l'âme est enchantée quand on aperçoit cette inscription touchante : *Amicus amico*.

Au haut de l'œuvre, et encadré dans la boiserie, était un médaillon de saint André, en marbre, que légua à cette église Arnaud Arouet, frère de Voltaire.

La rue Saint-André-des-Arts est remarquée dans l'histoire de France, par l'entrée furtive des troupes du duc de Bourgogne, et le massacre que firent ces factieux d'un grand nombre de citoyens.

La nuit du 28 au 29 mai 1418, sous le règne de Charles VI, Périnet Leclerc, fils d'un quartenier de la ville, prit, sous le chevet du lit de son père, les clefs de la porte de Bussi, et l'ouvrit aux soldats du duc de Bourgogne ; la plus vile populace vint grossir les rangs des séditieux : ils pillèrent, incendièrent et massacrèrent tous ceux qui étaient opposés à la faction du duc qu'on appelait Armagnacs.

Les bouchers érigèrent une statue au traître Périnet ; ces trahisons, les apothéoses du crime étonnaient nos pères : leurs enfans, hélas ! se sont familiarisés avec le crime, la proscription et toutes les puissances désorganisatrices.

L'église Saint-André a été démolie, et son emplacement est destiné à un marché.

— SAINT-BARTHÉLEMI. La chapelle sous l'invocation de saint Barthélemi, était anciennement la chapelle du palais des comtes de Paris. Lorsque Hugues-Capet monta sur le trône, elle devint royale, et les rois de France, depuis ce temps, ont voulu se conserver l'honneur de l'avoir fondée. En 1740 on a réparé le portail de cette église. Les portes ont été sculptées par les Slodtz. Barthélemi de Molo avait sculpté Saint-Barthélemi et Sainte-Catherine ; en 1785 on a travaillé à la réédification, d'après les dessins de M. Cherpital, architecte ; mais, en 1787, le temple de Saint-Barthélemi fut renversé, et, sur ses fondemens, on éleva une salle de théâtre, appelée Théâtre de la Cité. C'était à Saint-Barthélemi que Robert, fils de Hugues-Capet, allait souvent prendre une chape, et chantait au lutrin.

Barthélemi..... ce nom saisit d'indignation tous les hommes sensibles ; il rappelle le 24 août 1572. Ce jour sera éternellement un jour de deuil pour l'humanité. L'honneur des autels, l'honneur du trône, l'honneur de la nation, seront à jamais souillés du sang que l'on répandit au nom d'un Dieu de paix. Cet exécrable forfait fut l'ouvrage d'une femme dont l'âme altérée de sang ne pouvait se complaire qu'au milieu des spectacles les plus cruels, d'une femme qui, dans l'éducation qu'elle donnait à ses enfans, laissait percer, entrevoir et montrait au grand jour toute l'horrible atrocité de son caractère abominable ; elle voulait que des combats de coqs, de chiens, fussent une de leurs récréations ordinaires. Si l'on faisait à la Grève quelqu'exécution, elle les y conduisait ; et, pour les rendre aussi lascifs que sanguinaires, elle donnait de temps en temps de petites fêtes, où ses filles d'honneur, les cheveux épars, couronnées de fleurs, servaient à table demi-nues. Ce fut ainsi qu'on éleva Charles IX qui, malgré l'impétuosité de son caractère, possédait de grandes qualités. Digne fils d'une mère aussi barbare, on assure que ce prince prenait un plaisir singulier à abattre d'un seul coup la tête des ânes et des cochons qu'il rencontrait en son chemin; et qu'un jour, Lansac, un de ses favoris, l'ayant trouvé l'épée à la main contre son mulet, lui demanda gravement : Quelle querelle est donc survenue entre sa majesté très-chrétienne et mon mulet ?

Catherine de Médicis, qui savait allier la plus grande dissimulation au raffinement de la plus cruelle politique, donna, aux Tuileries, quatre jours avant le massacre de la Saint-Barthélemi, une fête extraordinaire dont M. de Sainte-Foix nous a conservé les détails qu'il avait trouvés dans les mémoires de l'Etat de France sous Charles IX. Je ne puis résister au désir de transcrire ici ce passage des Essais sur Paris. On verra, par la description de ces fêtes ordonnées par Médicis, ce que pouvait l'esprit délié et malfaisant de cette scélérate :

« Dans une salle aux Tuileries, à main
» droite, il y avait le paradis, l'entrée duquel
» était défendue par trois chevaliers armés
» de toutes pièces, qui étaient Charles IX et
» ses frères ; à main gauche était l'enfer dans
» lequel il y avait un grand nombre de diables
» et petits diablotins faisant infinies singeries
» et tintamare avec une grande roue tournant
» dans ledit enfer, toute environnée de clo-
» chettes. Le paradis et l'enfer étaient séparés
» par une rivière qui était entre deux, dans
» laquelle il y avait une barque conduite par
» Caron, nautonier d'enfer. A l'un des bouts
» de la salle, et derrière le paradis, étaient
» les champs élysées, à savoir, un jardin em-
» belli de verdure et de toutes sortes de fleurs,
» et le ciel empyrée, qui était une grande
» roue avec les douze signes du zodiaque, les
» sept planètes et une infinité de petites é-
» toiles faites à jour, rendant une grande
» lueur et clarté par le moyen des lampes et
» flambeaux qui étaient artificiellement ac-
» commodés par derrière ; cette roue était en
» continuel mouvement, faisant aussi tour-
» ner ce jardin dans lequel étaient douze nym-

» phes fort richement parées. Dans la salle se
» présentèrent plusieurs troupes de chevaliers
» errans (c'étaient des seigneurs de la religion
» qu'on avait choisis exprès); ils étaient ar-
» més de toutes pièces, vêtus de diverses li-
» vrées, et conduits par leurs princes (le roi
» de Navarre et le prince de Condé); tous
» lesquels, tâchant de gagner le paradis pour
» ensuite aller quérir ces nymphes au jardin,
» en étaient empêchés par les trois chevaliers
» qui en avaient la garde; lesquels l'un après
» l'autre se présentaient à la lice, et, ayant
» rompu la pique contre lesdits assaillans, et
» donné le coup de coutelas, les renvoyaient
» vers les enfers où ils étaient traînés par les
» diables et diablotins. Cette forme de com-
» bat dura jusqu'à ce que les chevaliers errans
» eussent été combattus et traînés un à un
» dans l'enfer, lequel fut ensuite clos et fer-
» mé. A l'instant descendirent du ciel Mercu-
» re et Cupidon portés sur un coq. Le Mer-
» cure était cet Étienne Leroi, chantre tant
» renommé; lequel, étant à terre, se vint
» présenter aux trois chevaliers; et, après un
» chant mélodieux, leur fit une harangue, et
» remonta ensuite au ciel sur son coq, tou-
» jours chantant; alors les trois chevaliers se

» levèrent de leur siége, traversèrent le para-
» dis, allèrent aux champs élysées quérir les
» douze nymphes, et les amenèrent au mi-
» lieu de la salle où elles se mirent à danser
» un ballet fort diversifié, et qui dura une
» grosse heure. Le ballet achevé, les cheva-
» liers qui étaient dans l'enfer furent délivrés,
» et se mirent à combattre en foule et à rom-
» pre des piques. Le combat fini, on mit le
» feu à des trainées de poudre qui étaient au-
» tour d'une fontaine dressée presqu'au mi-
» lieu de la salle, d'ou s'éleva un bruit et une
» fumée qui fit retirer chacun. Tel fut le pas-
» sement de ce jour, d'où l'on peut conjectu-
» rer quelles étaient les pensées du roi et du
» conseil secret parmi telles feintes ».

ACADÉMIES D'ARMES, OU MAITRES EN FAITS D'ARMES.

Les professeurs les plus renommés sont à Paris : MM. Gomard, qui tient sa salle d'escrime rue du Bout-du-Monde; Fabien, rue de la Loi; Charlemagne, boulevard de Montmartre; Lebrun, rue de Cléri.

— SAINT-GERMAIN-L'AUXERROIS. On n'a rien de bien certain sur l'origine de cette paroisse; on l'appela Saint-Germain-le-Rond jusqu'au douzième siècle. Pillée et ruinée par les Normands, elle fut rebâtie par le roi Robert, au commencement du onzième siècle; on rebâtit le chœur dans le quatorzième siècle; Charles VII fit rebâtir la nef en 1423; elle était la paroisse des rois. Philippe-le-Bel fit élever le portail; l'œuvre est de Perrault; Lebrun y a ajouté quelques ornemens. Le manteau qui en forme le couronnement fixe l'attention des connaisseurs.

— Saint-Jacques-la-Boucherie. C'est une des plus anciennes églises de Paris; elle a été détruite : la tour seule a été conservée comme un monument. Cette église renfermait les cendres de Nicolas Flamel, célèbre chimiste et alchimiste.

— La Madeleine, faubourg Saint-Honoré. Ce magnifique temple n'a point été achevé; c'est dans son enceinte qu'en attendant la palme du martyre, Louis XVI repose.

— Carmes du Luxembourg. Les jardins du couvent des Carmes contenaient plus de quarante-deux arpens, cultivés avec un soin extrême. Sa richesse, toute prodigieuse qu'elle était, n'empêchait pas ces religieux d'aller quêter : quoiqu'ils eussent renoncé aux possessions mondaines, et quoique leur règne ne fût pas de ce monde, ils étaient seigneurs et maîtres de magnifiques hôtels. Les murailles de leur cloître et de leur dortoir étaient enduites d'un blanc luisant et propre dont on les a crus long-temps les inventeurs, et qui s'appelle encore le blanc des Carmes, dans l'emploi qu'en font les peintres en bâtimens. Les Carmes avaient une bibliothèque composée de douze mille volumes, une apothicairerie renommée par l'eau de Mélisse, dont les propriétés sont généralement reconnues, et dont la réputation fut long-temps à la mode dans les boudoirs. L'eau des Carmes a des vertus surprenantes pour les spasmes et les vapeurs. C'est toujours aux Carmes que le beau sexe a recours pour calmer ses nerfs. Le dépôt de ses eaux est rue Taranne.

HOPITAUX.

Les hôpitaux les plus remarquables sont :
— Hôpital du faubourg Saint-Antoine, à l'ancienne abbaye des religieuses de ce nom.
— Hôpital Baujon, rue du Faubourg du Roule.
— Hôpital Necker, rue de Sèves.
— Hôpital Cochin, rue du Faubourg Saint-Jacques.

— Hôpital Saint-Louis, près la rue de Bondi.

— Maison de Santé, faubourg Saint-Martin.

— L'Hospice de la Maternité, composé de deux maisons, l'une rue de la Bourbe, pour les enfans trouvés, destinée à la réception, à l'allaitement et au placement à la campagne des enfans abandonnés; l'autre maison, rue d'Enfer, est pour les accouchemens.

— Hospice des Ménages, rue de Sèves, destiné aux époux en ménage, dont l'un doit être au moins âgé de soixante-dix ans, et l'autre au moins de soixante.

— Hospice de Vaccination, gratuite, rue du Battoir-Saint-André-des-Arts.

— Maison de Retraite, à Chaillot; elle est administrée par une réunion de personnes fortunées.

— Mont-de-Piété, rue des Blancs-Manteaux. Cet établissement a une division supplémentaire rue Vivienne, n.º 45.

— Hospice des Aveugles, fondé par saint Louis, faubourg Saint-Antoine.

— Hôpital Militaire du Gros-Caillou. Cette maison est destinée aux militaires de la garde impériale.

— Hôpital Général de la Salpétrière. C'était sur le terrain qu'occupe à présent l'Hôpital Général que se préparaient les salpêtres. La multiplicité des pauvres et des mendians qui inondèrent Paris, fit concevoir le plan de cet établissement; il fut accepté et exécuté sous le règne de Louis XIV, en 1656, et il fut achevé en 1657. M. de Pomponne Bellièvre, le cardinal Mazarin, la duchesse d'Aiguillon, et d'autres personnes recommandables, furent les premiers bienfaiteurs de l'Hôpital Général; il est divisé en trois maisons : la Pitié est le chef-lieu, les deux autres sont la Salpétrière et Bicêtre. Plusieurs milliers de pauvres y sont logés, entretenus et nourris dans cette maison; les jeunes filles sont occupées à faire de la dentelle, à travailler en linge pour les marchandes à Paris, et pour les particuliers; les dortoirs sont au-dessous des ouvroirs. Il y a un bâtiment destiné aux ménages des vieillards; un autre qu'on appelle la Crèche, pour les enfans; un troisième, pour les personnes dont l'esprit est aliéné, pour les épileptiques et les imbéciles. Dans une cour séparée, est un bâtiment de force destiné aux filles et aux femmes débauchées qu'on y met à la correction.

Une des choses les plus remarquables dans cette maison, est la pharmacie.

Le gouvernement, toujours empressé à saisir les occasions de prouver sa tendre sollicitude pour les infortunés, avait autorisé, en 1786, l'hôpital de la Salpétrière à traiter gratuitement tous les enfans de cette maison, ceux de la ville et de la campagne qu'on y apportait, attaqués de convulsion. Ce fut à M. l'abbé Saus, si célèbre par sa méthode, que ce traitement fut confié; les machines les plus ingénieuses y furent placées, et le succès couronna le zèle et le talent de l'administrateur.

— HÔPITAL DES INCURABLES, rue de Sèves, faubourg Saint-Germain. Ce fut le cardinal de La Rochefoucault qui, par un sentiment d'humanité bien digne de la bonté de son cœur, fonda cet hôpital en 1637, pour servir de dernière retraite aux personnes attaquées de maladies dont la cure avait résisté à tout l'art de la médecine et de la chirurgie; elles y sont traitées avec ces soins touchans qui distinguèrent toujours les sœurs de la Charité. C'est là que, voyant arriver à chaque instant le terme de leur misérable existence, les malades attendent au milieu des plus tendres consolations de la religion et de l'humanité, que Dieu les rappelle dans son sein.

— Hôpital de la Charité, rue des Saints-Pères. Il est destiné à recevoir des malades atteints de maladies aiguës. Il y a une salle destinée pour les personnes travaillées de la pierre. Cet hôpital s'honore d'avoir possédé le frère Côme, ce célèbre lithotomiste dont la réputation si justement acquise le place au rang des bienfaiteurs et des savans de son siècle.

L'hôpital de la Charité a pris un nouvel aspect extérieur en 1793, au mois de décembre. Sur le terrain de son église on a établi l'École Clinique. KLINÊ, en grec, veut dire *Lit*, et la médecine clinique est la méthode de traiter les malades au lit, pour examiner plus exactement les symptômes de la maladie. L'hospice de la Charité étant entièrement consacré au soulagement de notre misérable humanité souffrante, on ne pourrait disposer d'une manière plus digne de cet engagement. C'est là que les jeunes gens qui se destinent à l'art d'Esculape, trouvent le double avantage d'unir la théorie à la pratique, et d'apprendre au pied du lit d'un malade, la science si rare et si difficile d'appaiser nos maux et de les guérir.

Au rez-de-chaussée, du côté du jardin, au-dessus d'un aquéduc, on a construit des salles de bains, une salle de douches ascendantes et descendantes, et des bains de vapeurs combinées. Tout, dans cet établissement, est monté sur un ton qui décèle dans l'architecte les plus profondes méditations de son art.

C'est à M. Clavereau que l'on doit la réduction des lits des malades de l'Hôtel-Dieu et de l'hospice du Nord. Cette salutaire disposition a été opérée en 1773.

Orphelins, faubourg Saint-Marceau, rue Copeau. Louis XIII, en 1622, ayant donné l'ordre de renfermer les mendians, obligea les magistrats de veiller à ce qu'ils trouvassent des asiles vastes et commodes. Ils louèrent cinq grandes maisons : celle de Scipion pour les vieillards et les enfans des deux sexes ; l'hôpital de la Salpêtrière, et la Pitié, qui sert de refuge aux petits garçons, enfans trouvés ou autres ; ils y sont élevés avec soin ; ils y restent jusqu'à ce qu'ils aient fait leur première communion, et en sortent pour être mis en apprentissage. Au-dessus de la porte d'entrée de cet hospice, on voit une Notre-Dame-de-Pitié fort estimée.

L'église est très-vaste. Le tableau placé en face de la chaire, et qui représente une descente de Croix, est de Daniel Volteze. Dans une chapelle de côté, Louis de Boulogne a peint des petits enfans à genoux et recevant les instructions de la Charité personnifiée. Sur la porte de la sacristie on trouve un médaillon de marbre blanc, où est représenté, en bas-relief, une Mère-de-Douleur, tenant le corps de son fils sur ses genoux.

— Hôpital des Petites-Maisons, rue de Sèvres. En 1497 la ville de Paris fonda cet établissement sous le titre de Maladrerie de Saint-Germain, pour y traiter les malades attaqués du mal de Naples, inconnu jusqu'alors en France. En 1557 on changea sa destination première ; on y bâtit un hôpital pour les enfans malades de la teigne, pour les femmes sujettes au mal caduc, pour les personnes dont l'esprit était aliéné ou obtus. Jean Saillier, président de la chambre des comptes, donna des sommes considérables pour les bâtimens, les meubles, et l'entretien de ceux que l'on devait y recevoir. On nomma cet hôpital les Petites-Maisons, parce que les cours qui le composent sont entourées de petites maisons fort basses pour loger les pauvres, etc.

Le comte de Bussi étant entré aux Petites-Maisons, trouva dans la cour un homme qui lui parut moins fou que les autres ; il lui demanda quelle était le genre de folie de la plupart des gens qui étaient là. « Ma foi, » monsieur, lui répondit-il, c'est bien peu » de chose; on dit que nous sommes fous, » parce que nous sommes des misérables ; si » nous étions des gens de qualité, on dirait » que nous avons des vapeurs, et on nous » laisserait courir les rues ».

PRISONS.

PRISON DU TEMPLE. Depuis la destruction de la Bastille, le Temple est devenu une prison d'état. C'est là que Louis XVI et sa famille attendirent la mort. Tout rapelle dans ces lieux de terribles souvenirs. Du trône au cachot, d'un cachot sur un échafaud ! Le Temple était autrefois le chef-lieu de l'ordre des templiers; il fut bâti en 1200 par frère Hubert.

— PRISON DE LA FORCE, rue Saint-Antoine. Elle est destinée aux personnes prévenues de délits. On y enferme aussi les filles publiques, qui doivent être traduites devant le tribunal correctionnel.

— Prison de Saint-Lazare, faubourg Saint-Denis. C'était jadis l'hôpital des lépreux. En 1632, saint François de Paule choisit cet endroit pour y prêcher sa morale pieuse et bienfaisante. Il y a vingt ans, cette maison servait de maison de correction pour les jeunes gens. Aujourd'hui c'est une maison de détention pour les filles publiques condamnées à la gêne. Sous la conduite d'une ancienne religieuse, ces filles sont employées aux travaux de leur sexe.

— Prison des Madelonettes, rue des Fontaines vis-à-vis le Temple. On y reçoit les femmes prévenues de délit, et celles condamnés correctionellement : elles y sont occupées à la couture et à la filature de coton.

— Prison de Montaigu. Elle est destinée à la discipline militaire.

— Dépôt de la Préfecture de Police, à la Préfecture. On y laisse provisoirement ceux qu'on arrête par ordre de police.

— La Bastille. Ce fut le prévôt des marchands, Aubriot, qui posa la première pierre de cette forteresse, en 1301, sous Charles v. Elle fut prise par les Français, le 14 juillet 1789, et démolie.

— SAINTE-PÉLAGIE. Cette maison, située rue du Puits de l'Hermite, derrière l'Hôpital de la Pitié, fut fondée par Marie Boneau, veuve de Jean-Jacques de Beauharnais, de Miramion, et autres personnes charitables. Sa première institution fut de servir de refuge aux filles et aux femmes condamnées à une pénitence forcée, ou à celles qu'un beau dévouement ou renoncement absolu aux vanités du monde, engageaient à le quitter. Sainte-Pélagie, pendant la révolution, a servi de prison à toutes les personnes indistinctement : le crime et la vertu, les grâces et la férocité, le stupide et le savant, le philosophe et l'athée, la victime et le bourreau, furent entassés comme des animaux immondes. Sainte-Pélagie sert de prison, particulièrement pour les personnes arrêtées pour dettes.

— PRISON DE L'ABBAYE.

Dans le sommeil des lois, dans l'effroi du sénat,
Des monstres qu'irritaient Bacchus et les Furies,

Aux prisons en hurlant portent leurs bar-
 baries :
Ils mêlent sous leurs coups les sexes et les
 rangs,
Ils jettent morts sur morts, et mourans sur
 mourans ;
Tout frémit... Une fille, au printemps de son
 âge,
Sombreuil vient, éperdue, affronter le car-
 nage :
C'est mon père ! dit-elle, arrêtez inhumains !
Legouvé.

La prison de l'Abbaye, située rue Sainte-Marguerite au fond du petit marché, était spécialement affectée aux gardes françaises et aux militaires. Plusieurs personnes y furent détenues, et inondèrent de leur sang le parvis de l'abbaye, les 2 et 3 septembre. On peut lire les trente-six heures d'agonie de Saint-Meard et les autres papiers du temps, si l'on veut lire des pages de sang.

Depuis quelques années, on a réparé les bâtimens de la prison de l'Abbaye, et on l'a dégagée de quelques masures qui l'obstruaient.

— Prison de la Conciergerie. La Conciergerie, dont l'entrée est par la cour du Palais de Justice, est destinée à renfermer les prévenus de crimes. La démolition qu'on a faite de l'ancienne tour de Montgommery, a donné les moyens de construire un nouveau préau et des bâtimens particuliers, pour séparer les hommes des femmes. La Conciergerie est bâtie sur le terrain qui servait de jardin aux premiers rois de France, lorsqu'ils occupaient le Palais. Cette prison est divisée en deux départemens : ils n'ont entr'eux aucune communication : ils ont leur cour et leur infirmerie particulières : les infirmeries sont bien aérées. Les cachots ne sont plus infects ; ils sont élevés de quelques marches au-dessus du sol ; une grande pièce voûtée qui leur sert de vestibule leur sert aussi de préau ; dans une enceinte particulière une vaste cour forme promenade pour les autres prisonniers ; des galeries dans tout son pourtour leur permettent de se retirer à l'abri des injures du temps. On a pratiqué un chauffoir pour l'hiver. Au moyen des flacons de M. Guyton de Morveau, les prisons sont moins insalubres : ils sont en usage dans toutes.

Marie-Antoinette, archiduchesse d'Autriche, reine de France, habita la Conciergerie, qu'elle ne quitta que pour aller à la mort.

LE PALAIS,

EN LA CITÉ.

Les incursions des Normands ayant forcé les rois de France de la seconde race à quitter, pour leur sûreté, le Palais des Thermes qu'ils habitaient hors la ville, ils transférèrent leur demeure en la Cité, et firent bâtir le palais dont je parle. Il fut commencé vers la fin du neuvième siècle, par Eudes, et augmenté par Robert, fils de Hugues-Capet, saint Louis, et Philippe-le-Bel. Quand Charles v l'abandonna pour aller occuper l'Hôtel Saint-Pol, le palais n'était qu'un assemblage de grosses tours qui communiquaient les unes aux autres par des galeries. En 1357, Étienne Marcel, prévôt des marchands, fit assassiner dans la chambre, et en présence même du dauphin, Robert de Clermont, maréchal de Normandie, et Jean de Conflans, maréchal de Champagne. Ils étaient l'un et l'autre si près du dauphin, que leur sang rejaillit sur ses habits, et que ce prince craignit qu'on n'en voulût aussi à sa vie. Marcel le rassura, et lui jeta un chaperon rouge et bleu, pour le garantir de l'insolence du peuple. Charles VI habitait le Palais, lorsqu'après avoir vaincu les Flamands, il fit élever un dais sur le perron du grand escalier, où tout le peuple de Paris vint lui crier miséricorde, les hommes têtes nues et les femmes échevelées, pour avoir excité une sédition pendant le voyage du roi.

Saint Louis fit construire la Sainte-Chapelle, la salle appelée Saint-Louis, et la Grand'chambre. Charles VII demeura aussi au Palais en 1551. François I.er qui y faisait sa résidence, y rendit le pain bénit en l'église Saint-Barthélemy, comme paroissien.

Les rois de France recevaient autrefois les ambassadeurs dans la grande salle du Palais. Ils y donnaient des festins publics, et faisaient les noces des enfans de France : elle était ornée des statues des rois depuis Pharamond.

En 1618, cette salle magnifique fut consumée, ainsi qu'une partie des bâtimens du Palais. On fit dans ce temps une épigramme assez plate, mais qui prouve que, dans tous les temps, les gens d'affaires ne les ont pas faites gratis.

>Certes on vit un triste jeu,
>Quand à Paris dame Justice
>Se mit le palais tout en feu
>Pour avoir mangé trop d'épice.

En 1622, cette salle fut rétablie sur les dessins de Jacques Desbrosses. Rien n'est plus vaste et plus majestueux. Elle est l'unique pour la singularité et la solidité de son architecture : elle est toute voûtée de pierres de taille, avec une suite d'arcades au milieu, soutenues de piliers. L'ordre dorique en pilastres y règne avec régularité sur les faces des jambages qui portent les arcs. Autour d'un très-beau cadran on lit ce vers composé par Mont-Mort :

Sacra Themis mores, ut pendula dirigat horas.

La Grand'chambre construite sous le règne de saint Louis, réparée sous Louis XII, a été restaurée et embellie par Boffrand en 1722. Comme les tours étaient autrefois l'ornement distinctif des maisons royales, on en remarque encore quelques-unes au Palais, du côté du quai de l'Horloge. Celle où était placée l'horloge qui a donné le nom à ce quai, flanque l'angle du Palais, du côté du Pont-au-Change.

Cette horloge est la première qu'il y ait eu à Paris : elle fut faite par Henri de Vic, que Charles V fit venir d'Allemagne en 1370, et que ce prince fit loger dans cette tour pour en avoir soin, en lui assignant un revenu de six sous parisis par jour, sur les revenus de la ville de Paris. En 1371, on fondit une cloche qui se trouve dans cette tour. Ce fut au signal qu'elle donna le 24 auguste 1572, que commença le massacre de la Saint-Barthélemi. Elle servait autrefois de tocsin. L'origine de ce mot vient de ce que les cloches étant autrefois appelées *saints*, l'usage de les fraper avec un marteau leur a fait donner le nom de *toque saint*, dont par corruption on a fait *tocsin*.

En 1776, le 10 janvier, un incendie ayant consumé toute la partie du Palais qui s'étendait depuis la galerie des prisonniers jusqu'à la Sainte-Chapelle exclusivement, on a bâti sur ces décombres un bâtiment d'une forme régulière. Les travaux en furent confiés à l'architecte Desmaisons.

On a bâti à la suite de la grille magnifique du Palais; et ces bâtimens réguliers, décorés d'arcades, se raccordent avec l'architecture des deux pavillons nouveaux du Palais, et produisent un bel effet.

COMPTABILITÉ.

Une porte percée vis-à-vis la rue de la Calandre, fait face à la chambre des comptes, appelée maintenant Comptabilité Nationale.

Les officiers de cette cour portaient autrefois à leur côté une paire de grands ciseaux : ce qui annonçait le pouvoir absolu de rogner et de retrancher tout ce qui était abusif dans les comptes qu'on leur présentait. Si pareil usage fût revenu dans certain temps, que de rognures...!

ATHÉNÉES.

Les Anciens donnaient le nom d'Athénée aux académies publiques dans lesquelles on enseignait toutes sortes de disciplines. Les Athéniens avaient aussi des fêtes de ce nom, consacrées à Minerve : on les célébrait toutes les années, d'autres de cinq ans en cinq ans.

L'athénée de la ville de Lyon fut célèbre à cause des grands hommes qui y enseignèrent, et par les jeux mêlés et irréguliers que l'empereur Caligula y institua. On y proposait des prix pour l'éloquence grecque et latine, et les vaincus étaient obligés d'effacer leurs compositions avec la langue, s'ils n'aimaient mieux avoir le fouet ou être plongés dans la rivière de Saône. Juvénal, voulant exprimer la crainte de quelques personnes, la compare à celle d'un homme qui, étant nu-pieds, marcherait sur un serpent; ou d'un auteur qui devrait haranguer devant l'autel qui était à Lyon.

On compte plusieurs athénées à Paris; les plus recommandables sont:

— L'Athénée des Arts fut fondé en 1792, dans l'enceinte du cirque au Palais-Royal; son local a été incendié, et ses séances transportées à l'Oratoire, rue Saint-Honoré. Cette réunion compte plusieurs membres de l'institut dans son sein.

— L'Athénée de Paris, au coin de la rue de Saint-Honoré. C'est-là que la Harpe fit son cours de littérature, et que le Virgile français y lit ses vers,

— L'Athénée des Étrangers, rue du Hasard, n°. 14; il existe depuis six ans. Il est divisé en deux sections; celle de l'instruction et celle des plaisirs. On s'y abonne pour un an ou six mois. On y fait des cours, des lectures; on y donne des concers et des bals.

Outre ces athénées, il y a encore des réunions savantes; celle des Sciences, Lettres et Arts, à l'Oratoire; une autre au même emplacement, sous la dénomination de Société Statistique ; la Société Galvanique, à l'Oratoire encore ; celle de l'Observateur de l'Homme ; d'Agriculture ; de Philosophie Chrétienne ; de Médecine : cette dernière donne des consultations gratuites tous les mercredis, depuis deux heures jusqu'à quatre, dans une des salles de l'Oratoire.

LYCÉES.

Lycée Impérial, rue Saint-Jacques, au collége Louis-le-Grand. Cet établissement est destiné à donner une éducation gratuite aux enfans des militaires qui ont scellé de leur sang la gloire de leur partrie et leurs triomphes, ainsi que les enfans des fonctionnaires publics morts à leur poste victimes de leur devouement. On reçoit aussi dans cette maison des pensionnaires qui sont entretenus par leurs parens. Tout dans cette maison est soumis à une discipline militaire. Le gouvernement accorde aux élèves à leur sortie du Prytannée, des places, des emplois, dans la carrière qu'ils ont parcourue avec avantage.

Paris renferme quatre lycées : le Lycée Impérial ; celui des Quatre-Nations ; celui de la rue Saint-Antoine, dans la maison des Jésuites; le quatrième, Chaussée d'Antin, au couvent des Capucins.

Outre ces établissemens sous la protection immédiate du gouvernement, il y a des Écoles Secondaires, des Maisons d'Education; les plus renommées sont celles de M. Lemoine, rue de Berri, aux Champs-Élysées; de M. Moreau, rue du faubourg du Roule; de M. Loiseau, aux Champs-Élisées, etc.

MUSÉES.

— Musée militaire. Tous les dimanches on peut voir dans l'Enclos des Jacobins, rue du Bacq, une collection de toutes les inventions créées par l'homme pour hâter sa destruction. En écrivant au directeur, il donne des cartes d'entrée.

— Musée de Mécanique. Dans l'Enclos de l'Abbaye Saint-Martin, on a remis tous les modèles de mécanique que possédait l'Académie des Sciences. On l'a augmenté de tous ceux inventés depuis la suppression de cette Académie. Tous ces objets sont classés avec ordre et méthode, et offrent aux regards le progrès de l'esprit humain.

BANQUE DE FRANCE.

Elle est située rue des Victoires. L'entrée

des bureaux de service est par la rue des Fossés-Montmartre; elle escompte les billets à ordre; fait les recouvremens des avances sur des effets solvables, reçoit des dépôts, etc.

Il est encore des banques particulières, telles que la Banque Lafarge, rue de Grammont; la banque des Employés, rue Sainte-Croix-de-la-Bretonnerie, etc.

THÉATRES.

On compte à Paris vingt théâtres, et presque tous sont pleins les jours de fêtes et les dimanches; ils sont alimentés par une légion d'auteurs dont un relevé fait en 1804, faisait monter le nombre à deux mille cent quarante-deux. Malgré cette multiplicité d'auteurs tragiques et comiques, de mélodramistes, de monodramistes, de vaudevillistes, de parodistes, de pantomimistes, à peine en voit-on quelques-uns surnager dans le fleuve d'Oubli; mais rien ne décourage quelques intrépides, ils se vengent d'une chute par une autre. Tout cela nourrit la curiosité, grossit les recettes, fait augmenter le papier, fournit des articles aux folliculaires.

THÉATRE FRANÇAIS, rue de la Loi. Ce fut à l'hôtel Bourgogne, rue Mauconseil, que ce théâtre commença en 1548. Molière s'y associa en 1650 : il joua d'abord dans un jeu de paume de la Croix-Blanche dans le faubourg Saint-Germain. Ce spectacle, en 1689, fut ouvert rue des Fossés-Saint-Germain-l'Auxerrois ; puis aux Tuileries, en 1770 ; à l'Odéon, en 1782 ; incendié en 1799. Les Acteurs Français, après avoir joué isolément sur divers théâtres, se sont réunis rue de la Loi, où ils sont actuellement.

— ACADÉMIE IMPÉRIALE DE MUSIQUE, rue de la Loi. Ce spectacle, tout à la fois majestueux et touchant, a droit de plaire au philosophe sensible ; et le héros peut venir s'y délasser de ses glorieux travaux. C'est depuis que les compositeurs, les peintres, les décorateurs, les machinistes les plus distingués ont consacré leurs études à perfectionner toutes les parties qui composent l'Opéra, qu'il est devenu le premier spectacle de l'Europe. La pompe des décorations, le luxe et la sévérité des costumes ; tout est porté au plus haut degré de perfection. C'est sous le portique du palais d'Admète, dans les jardins d'Armide, à la toilette de Psyché ; dans le camp d'Agamemnon, à la cour de Polycrate, qu'on oublie tout pour s'abandonner aux charmes de l'illusion la plus séduisante, la plus variée. Tout dans ce temple magique

Où les beaux vers, la danse, la musique,
L'art de tromper les yeux par les couleurs,
L'art plus heureux de séduire les cœurs,
De cent plaisirs font un plaisir unique.

Tout à l'Opéra satisfait, étonne, charme les yeux; ce théâtre est le temple des arts et de tous les arts réunis.

— Opéra-Comique National, Passage-Feydeau. Les acteurs du théâtre Feydeau et ceux de l'Opéra-Comique théâtre Favart, réunis après avoir joué sur ces deux théâtres, sont fixés au théâtre Feydeau. Cette salle, bâtie en 1791 sur les dessins de MM. Legrand et Molinos, vient de recevoir de nouveaux embellissemens; de nouvelles distributions locales ont été faites, et paraissent réunir tous les suffrages.

— Théâtre Louvois ou Théâtre de l'Impératrice, rue de Louvois. Cette salle, bâtie il y a quinze ans par M. Broyard, est occupée par la troupe des Infatigables, sous la direction de Picard aîné. Les Bouffons Italiens y jouent aussi deux fois par semaine.

— Vaudeville, rue de Chartres. L'Ouverture de ce théâtre eut lieu le 12 janvier 1792. Son genre, véritablement national, la gaîté franche de quelques pièces qu'on y joue, la morale répandue dans la plupart de ses ouvrages, assureront toujours un rang distingué à ce spectacle, où l'on voit souvent la Raison sous le masque de la Folie.

— Théatre Montansier-Variétés. Ce théâtre, situé sous les galeries du Palais du Tribunat, fut appelé originairement le théâtre des Baujolais; on fit jouer des marionnettes, puis des enfans mimes; enfin, en 1790, mademoiselle Montansier, ayant acquis la salle, y fit représenter des opéras, des comédies, etc. La nouvelle direction qui, dans ce moment en a l'exploitation, y joue des variétés: c'est-là que Brunet vous fait rire par ses calembourgs, et Tiercelin par ses originales caricatures.

— Théatre Olympique, rue de la Victoire, Chaussée d'Antin. Cette salle, la plus élégante et la plus jolie de Paris, sert à des fêtes, à des concerts, à des parties dramatiques. Aucune troupe d'acteurs n'a pu y fixer la foule des amateurs ni des oisifs.

— Théatre de la Porte-Saint Martin. La salle de ce théâtre, la plus vaste et la plus commode, a été restaurée, et offre un coup d'œil agréable.

— Théatre de la Gaieté, Boulevard du Temple. Ce théâtre est le plus ancien de tous ceux que l'on appelait Petits Spectacles ; il a été connu sous la dénomination du Théâtre des Grands Danseurs du Roi ; on l'appelait vulgairement Nicolet, du nom de son propriétaire. Après avoir pris d'autres noms, il a gardé celui de Théâtre de la Gaîté.

— Théatre de l'Ambigu-Comique, Boulevard du Temple.

— Théatre de la Cité. Il a été bâti sur l'emplacement de l'église Saint-Barthelemi, vis-à-vis le Palais-de-Justice.

— Théatre des Délassemens, Boulevard du Temple.

— Théatre de Molière, rue Saint-Martin.

— Théatre Mareux, rue Saint-Antoine.

— Les Jeunes Artistes, rue de Bondi.

— Théatre sans Prétention, Boulevard du Temple.

— Variétés amusantes, Boulevard du Temple.

— Théatre des Jeunes Élèves, rue Thionville.

— Théatre de la rue du Bacq.

— Théatre de la Vieille-rue-du-Temple.

— Les Danseurs Voltigeurs, Boulevard du Temple.

— Les Jeunes Comédiens, Enclos du Jardin des Capucines.

— Les Ombres Chinoises, Palais du Tribunat.

— Théatre Mécanique de M. Pierre, rue Neuve-de-la-Fontaine, près l'hôtel Richelieu. Ce spectacle peut être regardé comme une des merveilles du monde ; rien ne pourrait le peindre dans son ensemble, dans ses détails ; il faut aller voir le lever du soleil, la tempête, pour avoir une idée juste de ce qu'a pu opérer M. Pierre. Quand on l'entend, on est encore étonné de la manière sage, précise, élégante et modeste, avec laquelle il parle de ses ouvrages immortels.

JARDINS PUBLICS.

— Tivoli, rue Saint-Lazare, appartenait jadis au financier Boutin. Ce fut le premier jardin qu'on rendit public. Comme tout est de mode à Paris, et que la mode passe promptement, Tivoli n'est plus qu'une vieille coquette qui fixe encore quelques sages et quelques preux chevaliers, que la reconnaissance attire sous ses bosquets dépouillés de leurs charmes premiers.

— FRASCATI, Boulevard Italien, est le rendez-vous du luxe, de l'opulence, et le séjour du fracas. C'est là que l'on entend bourdonner l'essaim des étourneaux qui comptent leurs jours par leurs folies et leurs infidélités.

— LA CHAUMIÈRE, Boulevard Saint-Jacques, est le sanctuaire des amans heureux.

— Dans le JARDIN DES CAPUCINES, Boulevard d'Antin, on trouve réunis des Comédiens, des Marionnettes, un Amphithéâtre d'équitation, des Danseurs, des Funambules, des Escamoteurs; on y voit la Puce savante, le Sacrifice de Jephté, l'Ane savant, la Clémence de Napoléon, le Fils dénaturé, le Tigre du Bengale, le Concert hydraulique, etc.

On peut encore se promener au Jardin Soubise; au Jardin de Paphos, boulevard du Temple; au café Turc; au Jardin de l'Infante, de l'Arsenal, du Luxembourg, des Plantes, etc.

On voit aussi le Jardin du fleuriste Tripet, aux Champs-Élysées; celui du Jardinier de l'Impératrice, rue Saint-Jacques.

BUREAU DES NOURRICES.

Ce bureau est rue Sainte-Apolline, près les Portes Saint-Martin et Saint-Denis; c'est dans cet établissement qu'on trouve tous les jours à toute heure des femmes qui attendent des nourrissons. L'ordre qui règne dans cette maison est bien fait pour rassurer les personnes les plus timorées, et qui aiment le plus leurs enfans. L'état de la nourrice, les facultés physiques et morales, tout y est scrupuleusement observé et constaté.

PANORAMAS.

Un Anglo-Américain, nommé Robert Fulton, a le premier introduit en France ces tableaux ingénieux, où la nature est étonnée de se voir surprise sur le fait. Le Panorama qui représentait Paris a fixé les regards de tout le monde. A celui de Paris a succédé ceux de Toulon, de Naples, de Rome, de Londres. On peut voir les Panoramas tous les jours, Boulevard Frascasti, pour trente sous. Dans l'Enclos du Jardin des Capucines, on voit aussi des Panoramas.

MESSAGERIES.

L'hôtel des Messageries générales est rue Montmartre, cul-de-sac Saint-Pierre. Elles desservent toutes les routes. On trouve à toute heure un contrôleur chargé de répondre à toutes les demandes des particuliers.

Rue Tiquetonne, on trouve des Vélocifères pour toutes les routes.

Dans les faubourgs Saint-Denis et Saint-Martin, il y a des bureaux pour les villes aux environs de Paris.

Passage Longueville, rue Coqueron, rue du Boulloi, rue d'Antin, place Saint-Michel, rue Contrescarpe, rue de la Jussienne, place de la Bastille, rue des Fossés-Saint-Germain-l'Auxerrois, rue des Boucheries-Saint-Honoré, etc., on trouve des voitures à volonté et à départ fixe, pour toutes les villes de France et étrangères.

Rue Saint-Denis, du Ponceau, Saint-Martin, Platrière, du Renard, Montorgueuil, on trouve les principaux Bureaux de roulage pour tous les pays.

GRANDS-AUGUSTINS.

On n'a rien de bien certain sur l'origine de

ces moines ; on croit seulement que vers l'an 1200, il se forma en Italie plusieurs congrégations d'hermites ; les uns habillés de noir, les autres habillés de blanc ; et qu'ils vinrent s'établir à Paris sous le règne de saint Louis, dans la chapelle de Sainte-Marie l'Égyptienne, au coin de la rue de ce nom, appelée maintenant par corruption de la Jussienne. En 1285 ils quittèrent le couvent qu'ils avaient dans cet endroit, pour aller s'établir près la Porte Saint-Victor, et ne laissèrent au quartier qu'ils quittaient, que le nom que porte une de ses rues, les Vieux-Augustins. Enfin, ils vinrent se fixer sur l'emplacement où l'on voit encore les débris de leur église. Ils avaient acquis ce terrain des frères *sachets* ou frères *sacs*, ainsi nommés parce qu'ils étaient vêtus d'une robe en forme de sac et sans ceinture.

L'Église des Grands-Augustins fut bâtie à différentes reprises. Les troubles qui agitèrent le règne de Charles VI et Charles VII en retardèrent l'achèvement. Charles V, surnommé le Sage, eut la plus grande part à cet édifice.

Sous le portail extérieur de ce couvent, fut inhumé Raoul de Brienne, comte d'Eu, connétable de France, qui eut la tête tranchée par ordre du roi. Henri III choisit l'église des Grands-Augustins pour la cérémonie de l'institution de l'ordre du Saint-Esprit, le 1 janvier 1579. Ce prince, en 1585, y reçut l'ordre de la Jarretière. Pour la procession qui se faisait tous les ans le 22 mars, en mémoire de la réduction de Paris sous l'obéissance de Henri IV, le parlement s'assemblait dans l'église des Grands-Augustins.

On remarquait dans cette église la chaire du prédicateur, que Germain Pilon avait sculptée ; une superbe menuiserie décorait le chœur ; les stales étaient des chefs-d'œuvres de sculpture ; de magnifiques tableaux, peints par des maîtres célèbres, garnissaient le chœur ; cinq représentaient les cérémonies de l'ordre du Saint-Esprit sous les cinq grands-maîtres, depuis son institution ; Vanloo a composé et exécuté ceux de Henri III, de Louis XIV, de Louis XV ; celui de Henri IV est par de Troy fils, et Louis XIII par Philippe de Champagne. Jouvenet a embelli cette église d'un tableau représentant saint Pierre guérissant les malades de son ombre. Le Brun avait donné les dessins du maître-autel. Bunel avait peint une Pentecôte.

Louis XIII fut reconnu roi et Marie de Médicis déclarée régente, dans une des salles du couvent des Grands-Augustins. Dans une autre salle, on admirait les portraits et les armes de tous les commandeurs et chevaliers qui y avaient été reçus depuis l'institution de l'ordre.

La Bibliothèque, qui se trouvait dans un magnifique emplacement, était composée de livres rares d'un bon choix ; on en comptait plus de vingt-cinq mille. On y admirait surtout deux beaux globes, ouvrage de Coronelli et une grande Bible manuscrite, in-folio, sur vélin, ornée de vignettes et miniatures ; elle paraît compter neuf cents ans.

Plusieurs personnages illustres ont eu leur sépulture dans l'église des Grands-Augustins.

Remy Belleau, poète français, et un des sept de la Pléyade française qui se forma sous les règnes de Henri III et de Charles IX, à l'exemple des Grecs et des Romains ; les autres beaux esprits étaient Dorat, Boif, Ronsard, Jodelle, Joachim Dubellay et Pontus de Thiard. Remy Belleau traduisit les poésies d'Anacréon ; il composa aussi un poëme de la Nature et de la diversité des Pierres précieuses ; ce dernier ouvrage donna lieu à Ronsard de lui faire une épitaphe, trop faible pour être citée, et qui n'est qu'un froid jeu de mots.

Guy du Faur, sieur de Pibrac, si connu par ses grands emplois à la cour de Marguerite de France dont il fut le chancelier, et qu'il ne put se défendre d'aimer d'un ardent amour qui ne fut point récompensé, malgré les charmes de sa figure et de son esprit. Pibrac est très-connu par ses quatrains, qui, dans leur temps, eurent un prodigieux succès et furent traduits en grec, en latin et en allemand.

Philippe de la Clite, plus célèbre sous le nom de Commines. Les excellens mémoires qu'il a laissés, sont dans les mains de tous les savans. La beauté, la force, la pureté et l'élégance de son style le firent surnommer le Tacite français. Il paraît que l'abus des mots ou les calembourgs étaient en vogue en 1509; car on voyait sur le tombeau de Philippe de Commines un globe en relief et un chou cabus, avec cette devise : *Le monde n'est qu'abus.*

Bernard Chérin, généalogiste et historiographe de l'ordre du Saint-Esprit et de celui de Saint-Lazare.

Le couvent des Grands-Augustins soutint un siége en 1658. Il est douloureux de voir les pages de notre histoire salies par de ridicules extravagances, et par l'entêtement et l'intolérance d'une classe d'hommes qui sont les missionnaires d'un Dieu de paix. La conduite du cardinal Mazarin dans cette circonstance, et la vengeance froidement calculée qu'il en tira, prouvent bien à quel degré d'humiliation le parlement était descendu, et ce que peut le despotisme appuyé sur un glaive et un crucifix.

« Les Augustins de ce couvent nommaient
» tous les deux ans, en chapitre, trois de
» leurs religieux bacheliers, pour faire leur
» licence en Sorbonne, y ayant trois places
» fondées pour cela en 1658. Le père Célestin
» Villiers, prieur de ce couvent, voulant favoriser
» quelques bacheliers, en fit nommer
» neuf pour les trois licences suivantes. Ceux
» qui s'en virent exclus par cette élection prématurée,
» se pourvurent au parlement, qui
» ordonna que l'on ferait une autre nomination
» en présence de MM. de Catinat et de Saveuse,
» conseillers en sa cour, et de maître
» Jancart, substitut du procureur général. Les
» religieux ayant refusé d'obéir, la cour fut

» obligée d'employer la force pour faire exécu-
» ter son arrêt. On manda tous les archers, qui,
» après avoir investi le couvent, essayèrent
» d'enfoncer les portes ; mais ils ne purent
» en venir à bout, parce que les religieux pré-
» voyant ce qui ce devait arriver, les avaient
» fait murer par derrière, et avaient fait pro-
» vision de cailloux et de toutes sortes d'ar-
» mes. Les archers tentèrent d'autres voies :
» les uns montèrent sur le toit des maisons
» voisines, pour entrer dans le couvent, tan-
» dis que les autres travaillaient à faire une
» ouverture dans la muraille du jardin, du
» côté de la rue Christine. Les Augustins, s'é-
» tant mis en défense, sonnèrent le tocsin, et
» commencèrent à tirer d'en bas sur les assié-
» geans ; ceux-ci tirèrent à leur tour sur les
» moines, dont il y en eut de tués et de bles-
» sés. Cependant la brèche étant faite, les
» religieux eurent la témérité d'y porter le
» saint Sacrement, espérant arrêter par là
» l'effort des assiégeans ; mais comme ils vi-
» rent que ce moyen ne réussissait pas, et que
» le Dieu de paix ne voulait point être pour
» eux le Dieu des armées, et que l'on ne ces-
» sait de tirer sur eux, ils demandèrent à capi-
» tuler, et l'on donna des otages de part et

» d'autre. Le principal article de la capitula-
» tion, portait que les assiégés auraient la vie
» sauve ; moyennant quoi ils abandonnèrent
» la brèche et livrèrent leurs portes. Les
» commissaires du parlement étant entrés,
» firent arrêter onze religieux, qui furent me-
» nés en prison à la Conciergerie. Le cardinal
» Mazarin, qui haïssait le parlement, fit met-
» tre les religieux en liberté par ordre du roi,
» après vingt-sept jours de prison. Ils furent
» mis dans les carrosses du roi, et menés
» en triomphe dans leur couvent, au milieu
» des gardes françaises rangés en haie, de-
» puis la Conciergerie jusqu'aux Augustins ».

Ce trait historique explique ce vers de Boileau dans son poëme le Lutrin :

J'aurais fait soutenir un siége aux Augustins !

Les moines triomphans en devinrent plus
audacieux, et forts de la protection hardie
que le gouvernement leur accordait, ils consacrèrent cette action, qui méritait châtiment,
par un monument, qui, placé long-temps au
coin de la rue et du quai des Augustins, attes-
ta leur impudence et la bassesse du parlement, qui ne put soutenir les droits de la

justice dont il était le défenseur. Ce bas-relief gothique représentait une satisfaction publique faite à la justice, aux Augustins et à l'Université, pour réparation d'un crime commis envers deux religieux de ce couvent.

Le couvent des Grands-Augustins a été abattu, et on a percé des rues sur son emplacement; la carcasse de l'église subsiste encore, et sur son aile droite on a bâti des maisons.

Sa bibliothèque, ses tableaux et autres monumens échappés au bouleversement révolutionnaire, ont été distribués dans les grandes bibliothèques, dans les muséums.

ABBAYE SAINT-GERMAIN-DES-PRÉS.

En 531, Childébert, premier du nom, roi de Paris, porta la guerre en Espagne, contre Amalaric, roi des Goths, et le défit. Il fit une seconde irruption en 543, et assiégea Sarragosse, dont il leva le siége à la prière de l'évêque de cette ville, qui lui offrit un morceau de la vraie croix et de la tunique de saint Vincent. A son retour en France, Saint-Germain, évêque de Paris, l'engagea à fonder une abbaye. Ce prince se rendit à ses sollicitations, et en 550 il donna le fief d'Issi, et les dépouilles du temple de la Grande Déesse, pour bâtir une abbaye sous l'invocation de Sainte Croix et de saint Vincent. En 754 le corps de saint Germain y ayant été tranféré, l'abbaye prit son nom, auquel on ajouta le surnom des Prés, à cause de sa situation. En 845, 857, et 858, les Normands pillèrent et l'église et l'abbaye Saint-Germain, et la brûlèrent en 861 et 865. Charles-le-Chauve, qui se mit à leur poursuite, les attaqua et les défit auprès de Meaux.

En 1014, Mozard, abbé du monastère de Saint-Germain, fit bâtir une nouvelle église qu'Alexandre III consacra cent quarante-neuf ans après la mort de Mozard en 1163. Une grosse tour resta seule des bâtimens que fit élever Childebert. On voyait auprès de cette tour, qui sert d'entrée, une statue de la déesse Isis, qu'on avait laissée subsister comme un monument de son antiquité; mais quand on s'aperçut qu'elle devenait un sujet d'idolâtrie, qu'on y eut même surpris une vieille femme qui, peut-être la prenant pour la Vierge, lui avait offert une touffée de chandelies, le cardinal Briconnet, alors abbé, fit brûler la bonne déesse, et la fit remplacer par une croix, en 1511. L'église se ressent du siècle où elle fut bâtie. Les arts étaient encore dans leurs grossières enveloppes. En 1653, on y fit des réparations considérables ; on remplaça par une grande voûte un lambris d'un aspect désagréable ; et l'on travailla à faire deux ailes. L'église est bâtie en forme de croix, et a deux cent soixante-cinq pieds de long sur soixante-cinq de largeur, et cinquante-neuf de hauteur.

Le chœur a été exécuté par Sladtz ; Hallé a peint les deux tableaux du maître-hôtel ; et les dix sujets tirés des actes des apôtres sont peints par Le Clerc, Bertin, Restout, Vanloo, Le Moine, Christophe, Hallé, Natoire et Cazes : ce dernier a peint seul les neuf tableaux qui représentent la vie de saint Germain, de saint Vincent, et une descente de croix.

Cette église servit de sépulture à plusieurs rois de France, et à grand nombre de princes et d'hommes illustres. Les tombeaux des grands de la première race se trouvent aux deux côtés de l'autel. Ces places étaient dans ce temps regardées comme privilégiées, et comme les meilleures pour aller en paradis. C'est là que gissaient les corps de Chilpéric et de Frédégonde, de Childéric I.er, de Childéric II, de la reine Bisibide, de Dagobert son fils, de Clotaire II, etc. Quelques-uns de ces monumens échappés à la fureur démagogique, ont été recueillis par M. Le Noir, et placés au muséum de la rue des Petits-Augustins. On voyait au milieu du chœur le tombeau de Childebert, fondateur de l'abbaye Saint-Germain, où il repose à côté de son épouse Ultrogotte, dans une des chapelles à côté du chœur. Le célèbre Girardon a sculpté le tombeau de Castellan; et Coisevox, en stuc, celui de Ferdinand, prince de Furstemberg, etc.

La grande chapelle de Notre-Dame qui est dans l'intérieur de l'abbaye, a été construite sous le règne de saint Louis, par Pierre de Montereau. Ce morceau est regardé comme un des plus beaux de l'architecture gothique. Mais la bibliothèque est ce qu'il y a de plus beau, de plus précieux à voir dans l'abbaye Saint-Germain des Prés : elle est une des plus nombreuses et des plus riches de la France. On y voit un pseautier qu'on assure avoir servi à saint Germain ; c'est une espèce de vélin teint en pourpre, relié in-4.º en maroquin. Les lettres sont en argent, et devenues vertes par leur ancienneté. Les mots *Deus* et

Dominus, qui sont en lettres d'or, se sont bien conservés. On voit aussi une bible manuscrite de l'an 853.

Dom Dubreuil avait commencé cette bibliothéque, et l'avait composée d'excellens livres; dom d'Acheri, qui en fut ensuite chargé, l'augmenta beaucoup; Michel-Antoine Baudrau, prieur de Rouvres, légua sa bibliothéque et ses mémoires à l'abbaye Saint-Germain, en 1700; l'abbé d'Estrées, archevêque de Cambrai, laissa ses livres et leur riche collection à la même abbaye, en 1718; Eusebe Renaudot, de l'Académie française, et de celle des inscriptions et belles lettres l'enrichit de nouveau d'excellens ouvrages, et particulièrement de manuscrits grecs, latins, hébreux, et de plusieurs langues orientales.

En 1732, la bibliothéque de M. le chancelier Séguier, que possédait M. le duc de Coaslin, évêque de Metz, fut encore réunie à celle de Saint-Germain. En 1744 M. le cardinal de Gêvres, archevêque de Bourges, fit un semblable usage de la sienne; M. de Harlay, conseiller d'état, lui légua tous ses manuscrits que M. Chauvelin, ministre et garde des sceaux, qui en avait hérité, fit remettre à l'abbaye Saint-Germain, en 1762. Les hommes savans préposés à la conservation de ce précieux dépôt, ne cessent de l'enrichir de bons livres; on en fait monter le nombre à cent mille. La bibliothéque était décorée d'une collection de bustes et de bronzes très-estimés, au nombre desquels se trouvaient ceux du grand Arnaud, de Boileau, qui sont de la main de Girardon. On y admirait aussi un tableau de le Brun, représentant la mort d'Abel; et le modèle de la tête de la statue de Louis XV, par Bouchardon.

Un incendie arrivé en 1794, a détruit presqu'entièrement ces archives savantes. A peu-près neuf cents livres ont échappé aux flammes; quelques manuscrits ont eu le même bonheur, et ces précieux restes ont été portés à la Bibliothéque, rue de Richelieu. Depuis une trentaine d'années on avait joint à cette belle Bibliothéque un cabinet composé d'antiquités égyptiennes, grecques, romaines, gauloises, indiennes, chinoises, des vases étrusques, des pierres gravées. Tous ces trésors d'érudition pouvaient-ils être confiés à des hommes plus dignes que les moines de la Congrégation de Saint-Maur, qui comptent parmi eux grand nombre d'illustres personnages recommandables par leur savoir, leur piété et leur vertu. Quelle admiration ne commande pas le nom des pères Montfaucon, Mabillon, Martianay, Coutant, Garnier, Guarin, La Rue, Lobineau, Bouquet, Felibien, et tant d'autres écrivains, dont les savantes veilles ont étendu, enrichi le domaine de toutes les connaissances humaines, dont les ouvrages ont répandu tant de lumière sur l'histoire du monde, dont les discours pleins d'éloquence ont reculé les bornes étroites de la chaire, dont les vertus ont honoré leur siècle, et qui ont laissé tant et de si grands exemples de fermeté, de patience, de piété, et de leur ardent amour pour les arts qui éclairent les hommes, les soulagent et les rendent meilleurs. La postérité, toujours juste, consacrera l'opinion que notre siècle a émise sur le mérite réel de certains hommes, qui, tout entiers à leur devoir, se sont occupés du soin de rendre heureux leurs semblables, en consacrant leurs jours à la gloire des lettres et à la prospérité de leur pays.

Dans le nouveau plan de Paris, on a abattu beaucoup des bâtimens de l'abbaye Saint-Germain-des-Prés pour en faire des rues, qui facilitent les communications avec le quartier de la rue Taranne, de la rue des Petits-Augustins.

L'église subsiste, mais mutilée, et son sanctuaire est comme en 815, alors que les féroces Normands faisaient marcher devant eux la mort et répandaient partout l'effroi.

PORTE SAINT-BERNARD.

En 1670, François Blondel, célèbre ingénieur, donna les dessins sur lesquels on éleva la Porte Saint-Bernard en forme d'arc de triomphe. Les bas-reliefs que l'on voyait sur la frise, furent sculptés par Jean Tubi; celui qui était du côté de la ville représentait Louis XIV répandant l'abondance, avec cette inscription latine, qui a donné lieu à une maligne explication, *Abundantia parta*; l'abondance étant partie, dit un caustique. L'autre, en face du quai, représentait ce même prince sous le costume d'une divinité antique, monté sur un vaisseau dont il tient le gouvernail; Tubi avait encore sculpté les vertus en demi-relief.

La Porte Saint-Bernard a été démolie pour débarrasser la superbe vue des quais, de l'aspect fatigant d'une énorme masse de pierres.

HOTELS REMARQUABLES.

Indépendamment des palais impériaux du Louvre, des Tuileries, du Luxembourg, des palais du Corps Législatif, du Tribunat, il est encore des Hôtels dont l'élévation, l'architecture, les décorations extérieures et intérieures doivent fixer l'attention des curieux. De ce nombre sont :

L'Hôtel Biron, rue de l'Université; plus renommé par la magnificence de ses jardins, que par la beauté et la régularité de ses bâtimens.

— Hôtel Bretonvilliers, à la pointe de l'Isle-Notre-Dame. On y remarque une galerie peinte par Bourdon, et d'excellentes copies des plus beaux originaux de Raphaël, peintes par Mignard; quatre grands tableaux du Poussin, représentant le passage de la Mer Rouge, l'Adoration du veau d'or, l'enlèvement des Sabines, et le triomphe de Vénus.

— Hôtel Conti, rue Saint-Dominique.

— L'Hôtel Rochechouart, rue Grenelle Saint-Germain, bâti sur les dessins de l'architecte Crepitel.

— L'Hôtel Brissac. Boffrand en a décoré

l'entrée d'un ordre dorique ; les appartemens et la galerie sont ornés de sculptures exécutées sur les dessins de Le Roux. Cet Hôtel est occupé par le ministère de l'intérieur. Du vivant de M. Collé Brissac, qui fut égorgé à Versailles, cet hôtel était décoré des plus beaux tableaux, des bustes les plus précieux. On y remarquait un buste de Louis XIV, dont la tête était en bronze vert, les draperies en agathe et les ornemens en bronze d'or moulu. Dans la chambre à coucher on admirait le charmant tableau de M. Vien, la Marchande d'Amours. Le duc de Brissac possédait un riche cabinet de tableaux, de bronzes, de marbres et de meubles précieux. Le jardin de son hôtel offrait l'assemblage de toutes les espèces d'arbres étrangers qui peuvent s'acclimater en France, etc.

— Hôtel Juigné, quai Voltaire. Madame la duchesse de Mazarin, qui l'acquit de mademoiselle la Roche-Guyon, le fit décorer d'un magnifique salon, dont Briard a peint le plafond ; cet ouvrage est regardé comme le meilleur de cet habile peintre. L'hôtel Juigné est maintenant remis à neuf.

— L'Hôtel de Bouillon, quai Voltaire.

M. le duc de Bouillon, qui l'occupait rarement, prenait peu de soin d'une riche collection de tableaux que les connaisseurs y admiraient.

— L'Hôtel Boudeville, rue des Saints-Pères. C'est dans cet hôtel que madame Boudeville avait réuni une collection précieuse d'histoire naturelle et d'oiseaux, un coquiller le plus complet de l'Europe, etc.

— L'Hôtel de Vaudreuil, rue de la Chaise, a été réparé sur les dessins de M. de la Brière, architecte. M. de Vaudreuil avait rassemblé une collection nombreuse et magnifique de tableaux des meilleurs maîtres. On y voyait les estampes coloriées et encadrées des fameuses loges du Vatican, d'après Raphaël ; un groupe de bronze représentant l'enlèvement de Proserpine, par Girardon ; une Flore, une Hébé, une Bacchante, par Barthelemy ; deux ruines par Robert ; les figures par François Boucher ; un paysage, par Francisque Millet ; deux tableaux de navires, Psyché à sa toilette, l'Amour lui faisant traverser les airs. Les plus célèbres artistes ont animé la toile, fait respirer le marbre, pétri et façonné le bronze dans ce magnifique hôtel. Partout on y trouvait le pinceau, le burin, le ciseau, de Barthelemy, de Le Moine, de Jacques Stella, de l'Epicier, de Boule, de Mignard, de Le Nain, de Menageot, de Greuse, de Julien, de le Lorrain, de Van Spaendouk, de Daguerre, de Pajou, de Vernet, de Loutherbourg du Hall, de Tonnay, de Callot, de Madame Lebrun, du Poussin, etc.

L'Hôtel de Croy, rue de Bourgogne, remarquable par la magnifique ordonnance de sa porte en forme d'arc de triomphe orné de trophées, portés par des colonnes doriques qui vont jusqu'à l'imposte de l'arcade. Un autre grand trophée termine majestueusement cette porte.

— L'Hôtel de Salm, quai Bonaparte, bâti sur les dessins de l'architecte Rousseau. La porte présente un arc de triomphe décoré de colonnes ioniques, avec un péristyle du même ordre, sur les côtés, conduisant en deux pavillons en avant-corps sur la rue, et dont l'attique est décoré de deux grands bas-reliefs exécutés par le sculpteur Roland. La cour, très-vaste, est ornée dans son pourtour d'un même péristyle ionique, interrompu sur les côtés par deux arcades qui en marquent le milieu et conduisent aux cours des écuries. Le corps-de-logis du fond est décoré d'un grand péristyle formant avant-corps. Le perron conduit au vestibule, éclairé par le haut; il a pour tout ornement un rinceau arabesque, sculpté dans la frise; sur la corniche règne une balustrade en bois d'acajou qui y forme balcon, et sert de dégagement pour l'étage pratiqué dans l'attique. On monte douze marches pour arriver aux appartemens. L'antichambre, éclairée par le haut, est ornée d'un plafond à la voussure, décorée de caissons peints. Douze colonnes de stuc d'ordre composite, imitant le marbre jaune antique, décorent la deuxième pièce qui tire son jour d'en haut; son plafond, terminé en coupole, est aussi orné de caissons peints; la salle à manger, que l'on voit à gauche, est toute en stuc, et décorée de colonnes ioniques imitant parfaitement la brèche antique; le salon qui donne sur le quai Bonaparte, est de forme ronde, orné de peintures par M. Bocquet. L'hôtel de Salm est destiné à la Chancellerie de la Légion d'honneur.

— L'Hôtel de Matignon, rue de Varennes, élevé en 1721 par le célèbre architecte Crotonne, est un des plus beaux de Paris.

Dans son vaste jardin on découvre un petit palais magique décoré avec le plus grand goût.

— L'Hôtel de Luynes, rue Saint-Dominique, bâti par Le Muet; on y voit quatre dessus de portes, par Renou.

— L'Hôtel de la Rochefoucault, rue de Seine. Il appartint à Turenne.......

— L'Hôtel Nivernais, rue de Tournon : il appartenait au célèbre Concino Concini, connu sous le nom de maréchal d'Ancre, tué devant le Louvre, le 24 août 1617. M. Peyre, l'aîné, a restauré cet hôtel, qui fut habité long-tems par le marquis de Nivernais, et où mourut cet homme célèbre par sa politique, et les grâces de son esprit, en ....

Les libraires Bossange et compagnie ont acheté cet hôtel, où ils ont leur comptoir.

— L'Hôtel Mirabeau, rue de Seine : il fut originairement bâti par la reine Marguerite, première femme de Henri IV. Pour cause de stérilité, le pape Clément VIII cassa ce premier mariage. Mirabeau habita cet hôtel que posséda son père, si ridiculement et si injustement nommé l'Ami des hommes, quand ce froid économiste les tourmenta tous, sans épargner ceux qui lui tenaient par les liens du sang. Il est peu d'auteurs qui valent leurs écrits ; on est philosophe en prose et en vers ; on prêche les vertus, et on commet tous les crimes ; on consacre sa plume à la justice, et on commet les injustices ; nos actions s'accordent rarement avec nos paroles ; c'est la conduite des hommes qu'il faut juger ; leur éloge doit être plus dans leur vie privée que dans leurs livres.

— L'Hôtel Monaco, près les Invalides. Sa situation est on ne peut pas plus heureuse ; il fut bâti par M. Brognard ; ses jardins se prolongent jusqu'aux Boulevards qui semblent en faire la continuation ; une simple grille les sépare sans interrompre l'aspect immense que l'on découvre.

— L'Hôtel Kunski, rue Saint-Dominique, ne présente rien de bien imposant à l'intérieur ; mais tous les arts se sont réunis pour embellir l'asile de la princesse Kunski. Rien de plus élégant, à la fois de plus riche que la distribution des appartemens et leurs meubles. Monnet et Julien de Toulon ont enrichi de chefs-d'œuvres cet hôtel Kunski.

— Hôtel de mademoiselle de Condé,

donnant sur le Boulevard des Invalides. Il est de Brongniard, architecte.

— Hôtel de Cluni. Il est sans contredit le plus ancien du quartier de la Cité. Ce fut Jacques d'Amboise, évêque de Clermont, abbé de Cluni, etc., qui fit élever ce bâtiment gothique, en 1505, sur un autre édifice très-ancien, faisant partie du palais des Thermes. La voûte de cette salle est soutenue par un seul pilier de pierre, de forme octogone, qui n'a que dix pouces de diamètre, et où se réunissent toutes les arrêtes. Cette salle est l'ancienne chapelle de cet hôtel. On y monte par un escalier en limaçon, voûté en ogive, dont la structure est singulière ; les curieux doivent aller voir l'hôtel Cluni. Il rappelle de grands souvenirs ; on y rencontre les plans des premiers monumens connus de Paris.

— La Maison de mademoiselle Guimard, rue du Mont-Blanc. Ce temple, élevé à Therpsicore, l'a été sur les dessins de M. Ledoux.

— L'Hôtel Beaujeon, aux Champs-Élysées.

— L'Hôtel la Vaupalière, faubourg Saint-Honoré.

— L'Hôtel Brunoi, faubourg Saint-Honoré.

— La Maison Beaumarchais, boulevard Saint-Antoine.

— L'Hôtel Carnavalet, rue Culture-Sainte-Catherine. Il fut habité par madame de Sévigné. Au-dessus des portes latérales de la chambre à coucher, on voit les portraits de cette illustre dame et de sa bien-aimée madame de Grignon, sa fille. Les magnifiques sculptures en bas-relief qu'on admire dans la cour, sont dues au ciseau de Jean Gougeon.

— L'Hôtel d'Uzès, rue Montmartre; par M. Ledoux.

— L'Hôtel Montholon, boulevard Montmartre.

— L'Hôtel du Gouverneur de Paris, rue Cérutti, connu sous le nom de Maison Thelusson.

ÉGLISES.

— Saint-Médard. L'église paroissiale de Saint-Médard n'offre rien de bien remarquable par son architecture; mais les précieux restes d'hommes célèbres qu'elle renferme dans son sein en feront toujours un sanctuaire vénéré par ceux qui aiment à se rappeler le souvenir des grands hommes qui ont honoré leur patrie par leurs talens et leur probité.

Les mânes d'Olivier Patru, inhumés dans l'église Saint-Médard, attendent la récompense due à ses vertus. Patru fut un célèbre avocat du parlement de Paris, un des écrivains les plus judicieux, et celui dont le style était le plus pur; son éloquence, la rectitude de ses idées, la sagesse et la netteté de leur développement le firent surnommer le Quintilien Français; sa réputation lui ouvrit la porte de l'académie française. Le discours qu'il prononça à sa réception, plut tellement aux académiciens, qu'ils ordonnèrent qu'à l'avenir tous ceux qui seraient reçus, feraient un discours pour remercier l'académie; cet usage a toujours été suivi. Les discours de ses successeurs n'ont peut-être pas fait autant de plaisir que celui de Patru; les auteurs se sont peut-être écartés du but de l'institution, en y mêlant les louanges de grand nombre de personnes qui n'en méritaient guère; mais, en les lisant et en les tournant en ridicule, on se rappelle qu'Olivier Patru fut le premier qui charma son auditoire et on jouit d'autant.

Patru avait une si parfaite connaissance de sa langue, que les plus célèbres grammairiens le consultaient, et que Boileau profita plus d'une fois de ses remarques. Patru vécut toujours pauvre, c'est le sort commun aux hommes qui se livrent à l'étude ; sa mauvaise fortune ne rallentit jamais son ardent amour pour les lettres. Sur la fin de sa vie, il se vit forcé de vendre sa bibliothèque pour subsister; Boileau, qui l'apprit, lui offrit la moitié de plus du prix modique qu'il y avait mis, et stipula généreusement dans le marché que la bibliothèque ne lui appartiendrait qu'en survivance, alléguant pour prétexte qu'il n'avait pas alors d'endroit commode pour la monter, et qu'il fallait pour cela une dépense qu'il aimait mieux remettre à un autre temps. Cette action honora à la fois Patru et Boileau. Cette mutuelle estime, que se portaient deux hommes aussi distingués, est un exemple presque perdu pour leurs confrères. Patru mourut en 1681, âgé de soixante-dix-sept ans.

Un célèbre théologien, un bachelier de Sorbonne, et l'un des plus savans écrivains du dix-septième siècle, un homme dont la simplicité rehaussait encore l'éclat de sa réputation, Pierre Nicole a son tombeau dans l'église Saint-Médard. Quelques écrits en faveur de Jansenius le forcèrent à quitter Paris en 1679 ; mais il y reparut en 1683, et continua de s'occuper des ouvrages qui lui assurent le premier rang parmi les hommes illustres, ses contemporains. Sa conversation était peu animée, ses réparties lentes et souvent niaises ; il développait difficilement ses idées en causant : mais, la plume à la main, il entraînait, il subjuguait, il foudroyait ; il disait de M. de Treville, homme d'esprit, et qui s'énonçait avec grâce et facilité : Il me bat dans la chambre ; mais je ne suis pas plutôt au bas de l'escalier, que je l'ai confondu. Il était timide jusqu'à la faiblesse. Pendant la guerre de Flandres il se logea au faubourg Saint-Marcel, afin d'avoir le temps de se sauver à l'approche des ennemis qui seraient entrés par la porte Saint-Martin. On raconte de lui mille et un traits de cette force. Il mourut à Paris, en 1695, âgé de quatre-vingt-dix ans.

Jacques-Joseph Dugué, savant prêtre de l'Oratoire, est inhumé à côté de Nicole dont il fut l'ami ; il mourut en 1735.

Après d'aussi grands noms, il en faut prononcer un qui brilla un instant de tout le faux éclat que jette une réputation établie par le fanatisme, et soutenue par la plus ridicule et la plus aveugle opiniâtreté : François Pâris, diacre, est inhumé dans le cimetière de Saint-Médard. Qui ne connaît l'historique des prétendus miracles opérés par la vertu de ce prétendu saint qui, si on l'avait laissé faire, avait pris le meilleur parti qu'un honnête homme puisse prendre dans le monde, celui de suivre l'état pour lequel il était né? Il faisait des bas au métier ; que de choses impies, calomnieuses, n'a-t-on pas dites et écrites sur ce pauvre Diacre! C'était un vertige, une épidémie; toutes les têtes fermentaient au point que le roi fut obligé de faire fermer le cimetière dans lequel les plus ridicules momeries se jouaient devant un peuple crédule et dupe des fourberies de quelques meneurs, parmi lesquels on eut le chagrin de voir figurer un conseiller au parlement, Carré de Montgeron ; son imagination déréglée, son esprit inquiet grossit tous les objets, les défigura, et il osa se présenter armé d'un gros livre où il prouvait les miracles du divin Pâris, et où il comparait ce pauvre faiseur de bas au fils de

Marie. Mais laissons en paix les os de ce pauvre homme, qui ne méritait pas l'honneur qu'on lui fit.

— LES RELIGIEUSES CARMELITES, rue Saint-Jacques. Une carte de la ville de Paris, en 1604, et quelques livres imprimés dans ces temps, portent les Carmelines et non Carmelites; ce changement fut l'ouvrage de quelques dévotes âmes qui, ne pouvant supporter le mot de Carmelines à cause de son analogie avec Carmelin, fameux baladin de ce temps-là, familiarisèrent le peuple de Paris avec le nom Carmelites.

Les amateurs de l'antiquité regardent avec étonnement et admirent l'église des Carmelites de la rue Saint-Jacques; elle fut bâtie du temps du roi Robert, et il est certain qu'en l'année 995, dans la huitième du règne de Hugues-Capet, les religieux de Marmoutier étaient établis à Notre-Dame-des-Champs. Ils occupèrent ce monastère jusqu'en 1604 qu'il fut cédé aux religieuses Carmelites de la réforme de Sainte-Thérèse, que le cardinal de Berulle avait amenées d'Espagne. Ce couvent était le plus ancien de tous ceux que son ordre avait en France. L'austérité de la règle de ses filles n'alarma jamais celles qui se décidaient à l'embrasser; leur nombre fut toujours très-grand.

Si l'église de ce couvent a été élevée au temps du roi Robert, sa chapelle souterraine est d'une plus haute antiquité. On assure qu'il y avait dans ce lieu un temple; les uns le disent consacré à Cérès; M. de Sainte-Foix prétend que c'était à Mercure, et que la statue que l'on voit au haut du pignon de l'église, représente ce dieu, et non un saint Michel, comme veut le persuader André Favin, en ajoutant que ce saint est considéré comme le protecteur de l'église militante, et en particulier comme un de ceux de la France. Cette figure de pierre, qui a été le sujet de tant, de si longues et si fastidieuses discussions, a plutôt le visage d'une femme, que celui d'un jeune homme; la longue robe qu'elle porte, aide encore à croire qu'elle est de ce sexe; elle tient une grande balance à la main; dans chacun des bassins sont des têtes d'enfans; sa tête est inclinée sur l'épaule gauche. Si l'état de cette statue n'est pas encore bien décidé, ce n'a pas été faute que chacun n'ait voulu en raisonner; mais tous les historiens, et les faiseurs d'*Ana*, n'ont encore donné que des preuves vagues, et que grossirent à volonté le désir du merveilleux, et l'envie de paraître érudit.

— JACOBINS, rue Saint-Jacques.

. . . . . . Dans le fond d'un dortoir
Certain frocard, moitié blanc, moitié noir,
Portant crinière en étoile arrondie,
. . . .
. . . .
. . . Répond d'un ton mélancolique :
Hélas ! mon fils, je suis saint Dominique.

Après avoir été chanoine, archi-diacre, professeur de théologie, missionnaire en Galice, Dominique vint en France avec l'évêque d'Osma; il s'éleva avec force et véhémence contre les mœurs des Albigeois ; ses foudres éloquentes n'ayant pu forcer leur conscience, il eut recours aux foudres de Mars, et les malheureux furent massacrés. Certes, si ces hommes croyaient au manichéisme, ils ne durent pas avoir une haute opinion de ceux qui, se disant ministres d'un Dieu de paix, les torturaient pour les forcer à reconnaître un Dieu auteur du bien : après avoir allumé les torches de l'inquisition, le pape Honorius donna à Dominique la charge d'inquisiteur en Languedoc.

Ce fut à Toulouse qu'il jeta les premiers fondemens de son ordre, en 1216; il envoya plusieurs de ses disciples, sous le nom de Frères Prêcheurs. Quelques-uns vinrent s'établir à Paris, le 12 septembre 1217, dans une maison près Notre-Dame, entre l'Hôtel-Dieu et la rue l'Évêque. L'année suivante, Jean Barastre, doyen de Saint-Quentin, leur en donna une autre avec une chapelle près des murs, et du titre de Saint-Jacques; c'est de cette chapelle que la rue Saint-Jacques a pris son nom, et que les dominicains ont été appelés Jacobins, non-seulement à Paris, mais dans tout le royaume. Après quelques querelles qui s'élevèrent entre les nouveaux venus et l'université, saint Louis, qui se déclara de tout temps le protecteur des ordres monastiques, les combla de bienfaits, et augmenta leur domaine.

Un historien digne de foi, l'abbé Millot, dans les Élémens de l'Histoire de France, assure que Louis IX voulut se faire jacobin, et qu'il communiqua sérieusement son dessein à la reine, en la conjurant de ne pas s'y opposer; mais que le fils aîné du saint roi jura, par saint Denis, que si jamais il parvenait au trône, il ferait chasser tous ces mendians.

Plût à l'humanité qu'il eût tenu sa parole !

Louis XI leur donna encore un vaste terrain; Louis XII se plut aussi à agrandir leur terrain ; enfin, selon la coutume de ces humbles serviteurs de Dieu, ils devinrent maîtres et seigneurs. Louis XII, en 1504, leur donna encore une ruelle qui régnait le long du mur de la ville, appelée Coupe-Gorge à cause des accidens fréquens qu'on y voyait arriver. Cet ordre jacobite qui s'établit sur l'emplacement d'un coupe-gorge, est une observation à faire. Que de sang illustre quelques-uns d'eux firent couler ! Henri III expira sous le couteau de Jacques Clément, etc.

En 1620, Ménage avertissait le docteur Launoi qu'il avait choqué tous les jacobins dans les écrits qu'il avait faits contre le père Nicolas, et qu'ils écrivaient tous contre lui. Launoi répondit : Je crains bien plus leur canif que leur plume. Il paraît que dans tous les temps les jacobins n'ont pas joui d'une très-grande réputation d'humanité, et qu'ils furent toujours regardés comme gens dont il faut se méfier.

Nicolas Hennequin, riche bourgeois de Paris, donna une somme considérable pour faire reconstruire, en 1550, le cloître de jacobins; en 1560, leurs écoles tombant en ruines, ils les firent rebâtir; et, comme les pauvres mendians gardaient tout pour accroître leur terrain, ce fut aux dépens d'un jubilé que le pape Pie IV leur accorda qu'ils relevèrent leur bâtiment.

On voyait dans l'église des Jacobins un buste de Jean de Meung, surnommé Clopinel parce qu'il boîtait. Il vécut sous le règne de Philippe-le-Bel, et s'acquit une grande réputation par sa continuation en vers du roman de la Rose, qu'avait commencé Guillaume de Lorris, poëte célèbre autant qu'estimable jurisconsulte, sous le règne de saint Louis. Le roman de la Rose est un des plus anciens monumens de la poésie française.

Ce Clopinel avait fait contre le beau sexe un distique qui lui attira sa haine, et cette haine il la méritait sans doute : il avait osé dire :

Vous êtes, vous serez ou fûtes
De fait ou de volonté pûtes.

Cette audace anima contre l'auteur toutes les filles et dames d'honneur de la reine. Elles lui tendirent un piége : il y fut pris; elles s'emparèrent de lui, et se disposaient à le stigmater à coup de verges, quand notre aimable boiteux, qui ne pouvait plus résister à l'assaut femelle, se jeta à genoux, demanda pardon, et pardon bien humble aux belles fustigeantes, et leur dit : Je suis à votre merci, mesdames, je consens à tout ; mais que la plus honnête d'entre vous frappe le premier coup. Ce trait d'esprit les désarma toutes, et le distique courut de plus belle.

Dans tous les temps, les pointes, les rebus, les jeux de mots étaient à la mode, et il paraît que cet esprit futile, qui se mettait dans les livres et les discours publics dont il corrompait la pureté et l'élégance, chargeait encore la tombe des morts : témoin cette épitaphe de Claude Dormy, évêque de Boulogne-sur-Mer :

In hoc gentilitio Dormiorum dormitorio quod olim parenti, nuper fratri, Corolus - Franciscus Dormy, regi ab epistolis instauravit, obdormire et ipse constituit, securus dormies et non erit qui te exterreat.

Une autre épitaphe qui se lisait à côté de la chaire, n'est pas moins remarquable par l'éloge qu'on y fait de la femme pour la quelle elle fut faite.

Ci gît sage et vertueuse fille, Adette

Le Beau, native de Paris, Paroisse Saint-Benoît, laquelle après avoir vécu pendant soixante-douze ans en état de virginité et austérité de vie, faisant litière de toutes les choses du monde, décéda le 24 avril 1611.

Le cardinal Mazarin, qui s'était déclaré le protecteur des jacobins, avait fait richement décorer le maître-autel. On y remarquait deux colonnes corinthiennes, de marbre, d'une grande proportion.

Si l'ordre de Saint-Dominique a fourni de grands hommes, il a aussi nourri dans son sein Edmond Bourgoing, qui voulut sanctifier le meurtre de Henri III ; et Jacques Clément !!!!

GAZETTES.

Un médecin de Loudun, Théophraste Renaudot, qui était établi à Paris en 1623, s'occupait dans le cours de ses visites à recueillir les contes et historiettes du jour, qu'il débitait à ses malades. Plus d'un médecin renommé en conte tous les jours aux siens. Ce Renaudot qui savait assez bien spéculer, s'imagina que s'il réunissait sur des feuilles volantes les petites anecdotes qu'il débitait à ses malades, il en pourrait tirer un grand bénéfice. Il s'adressa à Louis XIII pour obtenir le privilége de la Gazette de France. En 1632 il l'obtint, et Louis XIV dans la suite le confirma. Renaudot ne bornait pas le plan de ses feuilles au récit des nouvelles de son pays, il insérait aussi celles des pays étrangers. L'avide curiosité y trouvait un nouvel aliment. L'invention de ces papiers nouvelles paraît remonter plus haut qu'au temps de Renaudot : on les connaissait à Venise, et on assure qu'on les appellait gazettes parce que pour les lire on payait une *gazetta*, petite pièce de monnaie.

Au temps de Louis XIII et de Louis XIV on ne comptait qu'une seule gazette, et cependant les événemens pouvaient bien fournir matière à mille. Aujourd'hui on compte plus de vingt feuilles publiques à Paris, et chaque province a la sienne; on en voit deux dans certaines.

Autrefois des gens savans d'un mérite reconnu, d'une réputation établie sur l'estime publique, des critiques judicieux et sévères, armés pour la défense du bon goût, et conservateurs du feu sacré qui doit animer ceux qui consacrent leurs veilles aux progrès des sciences, à la vérité, des hommes probes étaient à la tête des gazettes, qui, placées au centre de la république des lettres comme des phares, répandaient la lumière dans toute la France et chez les étrangers, et s'acquéraient une grande considération, des dignités, des places, et s'assuraient une existence aisée, fruit de leurs travaux et de leur économie.

Aujourd'hui, tout, dans l'établissement d'une gazette, est un objet de spéculation mercantile. On agiote sur la pensée, sur les faits, sur leur récit, sur les livres nouveaux, sur le théâtre, sur la réputation même ; et comme on peut tout payer on ose tout acheter. Paraît-il un ouvrage sur les hautes sciences, on commence par peser le nom de son auteur, celui de ses entours, de ses coteries, et l'on base son rapport sur toutes ces considérations : au lieu d'un examen approfondi de l'ouvrage, au lieu d'une discussion raisonnée, on parle longuement des qualités de l'auteur, on fait un vain étalage de son savoir, et on prône bien haut l'œuvre et l'ouvrier. Ici, c'est un homme d'esprit qui s'acharne après un fantôme pour avoir le plaisir de faire briller son érudition ; là, c'est un grimaud de collége qui veut régenter le Parnasse, parce que jadis, armé d'une férule, il faisait trembler quelques petits écoliers. On voit des jeunes gens, sachant à peine lire, prononcer sur des ouvrages de goût ; des petits folliculaires, ne connaissant que les tréteaux de la foire, oser juger les pièces qui se jouent sur nos premiers théâtres.

Si dans cette fourmillière d'insectes malfaisans, il se rencontre un homme d'un jugement sain, qui possède à fond des connaissances utiles, qui sache discuter, raisonner et assaisonner sa critique d'observations fines et lucides, il passe pour un homme sans goût, pour un être irascible, mécontent de tout, et ne cherchant qu'à mordre et à dévorer ; on lui préfère les niaiseries bien plattes, bien adulatrices d'un impertinent parasite, que l'on pourrait appeler un ventriloque ; car comme il fait un dieu de son ventre, c'est ce dieu qui rend pour lui de prétendus oracles. Pour l'observateur rien n'est plus plaisant que de voir les divers jugemens que ces divers écrivassiers rendent sur la même pièce, sur le même ouvrage : *tot capita tot sensus* ; pas un n'est d'accord avec lui-même ; et pour peu qu'on connaisse leur personne, on devine le tailleur de plume. Je ne prétends pas dire qu'il est impossible de trouver une bonne gazette ; mais la plupart sont sans couleur, sans physionomie et dirigées par l'esprit de parti. Il en est de piquantes ; mais le trait d'aujourd'hui n'est plus celui du lendemain ; point de tenue dans les idées, dans le style ; et l'étranger qui les lit toutes, doit avoir une idée juste de la légèreté de notre caractère, de notre versatilité, de notre ridicule prétention. Autrefois on ne pouvait payer trop un homme de mérite, qui se chargeait de la rédaction d'un papier public. Aujourd'hui son acquisition se fait au rabais ; et tel écrivassier qui arpente tout Paris dans un jour, voit et juge dix pièces de théâtre, reçoit quinze cents francs pour son salaire ; en vérité c'est une honte que de voir circuler dans Paris et dans les départemens toutes ces feuilles mensongères, dans lesquelles, sans nulle pudeur, on dévoile le fiel des plus sacriléges calomnies contre la vertu, la probité et les vrais talens.

CENSEURS.

Une commission composée de trois membres, et tenant ses bureaux au ministère de la police générale, quai Voltaire, est chargée de lire, d'approuver et de rejeter les pièces de théâtre. Les libraires, auteurs, imprimeurs et colporteurs doivent envoyer au bureau d'Esprit public, à la Préfecture de Police, deux exemplaires des ouvrages qu'ils font, impriment, ou dont ils affichent le titre.

CONCERTS.

Un chanteur, un pianiste, ou tout autre artiste célèbre arrive-t-il à Paris, il propose un concert pour s'y faire connaître, entendre et applaudir. La salle de la rue de la Victoire est ordinairement consacrée à ces réunions d'artistes ; et cette salle, depuis l'année dernière, est destinée pendant les mois de novembre, décembre et suivans, aux concerts connus sous le nom de Concert des Amateurs. Il est composé de tout ce que Paris offre de plus célèbre. On y entend Garat, Creuzter, Frédéric Duvernoy, Baillot, mesdames Armand, Branchu, etc. Ce concert a lieu tous les lundis.

GALIOTES.

Il y a des galiotes pour Saint-Cloud et Sèves, qui tous les jours partent à huit heures le matin en été, et à sept le soir. On les trouve au bas du pont Royal.

COMBAT DU TAUREAU.

Ce spectacle se donne en champ-clos les dimanches et fêtes. L'on y voit des animaux quadrupèdes, domestiques et sauvages, se battre les uns contre les autres, ou contre des dogues élevés à cet exercice. Ils mettent à mort des taureaux, des loups, des ours. Vient ensuite l'innocent *peccata*, le paillasse de ces acteurs à quatre pieds. Ce spectacle est situé derrière l'hôpital Saint-Louis, au bout de la rue Grange aux Belles.

THÉATINS.

Ce couvent situé sur le quai Malaquai, était la seule maison que ces religieux clercs réguliers avaient en France. Plusieurs illustres prédicateurs sont sortis du sein de cet ordre : de ce nombre Alexis Dubuc, fameux controversiste ; le père Quinquet ; le père Edme Chrysostôme Boursault. Mais celui dont les talens et la fortune furent étonnans, est Jean-François Boyer, évêque de Mirepoix, et précepteur de M. le Dauphin : il mourut en 1755 le 20 août.

L'église des Théatins a été convertie en salle de spectacle.

ACADÉMIES D'ÉQUITATION.

Les académies d'équitation les plus en renommée, sont rue de Bondi et rue de Provence, chez M. Lavard; rue Grange-Batelière, chez M. Hirchmann.

JEUX DE PAUME.

Rue Mazarine, rue Verdelet, Boulevard du Temple, Place Saint-Michel.

HOTEL DE VILLE,

A PRÉSENT PRÉFECTURE DU DÉPARTEMENT DE LA SEINE.

Cet hôtel a été bâti sur les dessins d'un architecte italien, nommé Dominique Cortonne. Il fut commencé sous le règne de François Ier. Le vandalisme a renversé la statue équestre du bon Henri, et a effacé les inscriptions qui toutes rappelaient de grands et d'heureux souvenirs. Les appartemens magnifiques de cet hôtel étaient décorés par Le Brun et l'Argillière.

ÉGLISES.

— SAINT-PAUL. Cette église a donné le nom à ce quartier de Paris. Elle fut élevée sous le règne de Charles v ; son architecture était lourde et de mauvais goût. Si on en parle ici, c'est pour indiquer le lieu où furent inhumés Nicolas Gilles, auteur des Annales et Chroniques de France : François Rabelais, docteur en médecine, chanoine de Saint-Maur-des-Fossés, et curé de Meudon ; il mourut en 1553. Près du maître-autel on déposa les cendres des trois mignons de Henri III : Louis de Maugiron, Jacques de Levis, comte de Quélus, et Paul de Stuart de Caussade.

Sur les débris de l'église Saint-Paul on a établi un bureau de voitures pour Auxerre et autres routes de Bourgogne.

— SAINT-GERVAIS. Cette église, située dans la rue du Monceau-Saint-Gervais, est la plus ancienne de la partie septentrionale de la ville, car elle existait sous l'épiscopat de saint Germain. Vers le quinzième siècle on construisit une autre église sur l'emplacement de l'ancienne, et on y ajouta un portique que l'on regarde comme un des plus beaux morceaux en architecture qu'il y ait en Europe. Ce magnifique ouvrage, dont les beautés ne sont point assez en vue, est du dessin de Jacques Desbrosses, à qui l'on doit le palais du Luxembourg, l'aqueduc d'Arcueil et le Temple fameux qu'on voyait à Charenton. Le portail est composé de trois ordres l'un sur l'autre, et disposés suivant l'usage observé par les anciens architectes, c'est-à-dire que l'ordre ionique est mis sur l'ordre dorique, et le corinthien sur l'ionique. Les deux premiers ordres sont de huit colonnes chacun, et le dernier de quatre. Les colonnes de l'ordre dorique sont engagées d'un tiers dans le vif du bâtiment, et unies jusqu'à la troisième partie de leur fût ; mais le reste est cannelé de cannelures à côtes ; les colonnes des autres ordres sont isolées, et n'ont d'autres ornemens que ceux qui leur sont essentiels. Le tout ensemble fait une fabrique de vingt-six toises de hauteur. Les statues de saint Gervais et saint Protais sont dues au ciseau de Bourdin ; celles des Évangélistes à celui de Guérin. Le corps de l'église est dans le genre gothique.

C'est dans l'église Saint-Gervais que repose enfin Paul Scarron, si connu par son ceprit, ses poésies, ses douleurs et sa patience. Il avait épousé Françoise d'Aubigné, depuis madame de Maintenon, qui, à son tour, épousa Louis XIV. Scarron mourut en 1660, âgé de 59 ans. Ménage l'a peint dans le distique suivant :

Ille ego sum vates, rabido data præda dolori,
Qui supero sanos lusibus atque jocis.

On y voit aussi les tombeaux de Philippe de Champagne, peintre fameux, né à Bruxelles en 1602, mort à Paris en 1674; de Tellier, chancelier de France, ce grand ministre qui servit si long-temps et si dignement l'état, et mourut en 1685 âgé de quatre-vingt-trois ans; d'Antoine de la Fosse; il fut un des meilleurs poëtes de son temps, et mourut en 1708, âgé de cinquante-cinq ans; de Claude Voisin, chancelier de France.

— SAINT-ROCH. Cette église, située rue Saint-Honoré, est une des plus belles de Paris; les sculptures, les peintures qui décoraient son sanctuaire, fixaient l'admiration de tous les connaisseurs. Ce temple fut élevé en 1633, sur les dessins de Jacques Lemercier, premier architecte de Louis XIV; ce prince on posa la première pierre. La situation du terrain ne permit point de tourner cet édifice vers l'orient, comme les anciens. En 1752, l'abbé Marduel, docteur de Sorbonne, forma le projet d'orner la chapelle de la Vierge : le sujet de l'Annonciation lui parut propre à remplir ses vues. Ce projet de décoration, proposé par la voix du concours, fut adjugé en 1753, à M. Falconnet. Ce morceau est le plus considérable de tous les ouvrages immortels de ce célèbre statuaire. La décoration de cette chapelle de la Vierge est couronnée par un magnifique plafond de M. Pierre; cet artiste a atteint, dans cette production, la perfection idéale des connaisseurs les plus délicats. Son plafond a cinquante-six pieds dans un diamètre, et quarante-huit dans l'autre; l'élévation de la coupole a dix-neuf pieds; ce qui forme un des plus grands morceaux en ce genre d'architecture. Le sujet est l'Assomption de la Vierge. L'ouvrage de M. Pierre peut être regardé comme un beau poëme pittoresque : nul embarras, nulle confusion ; le spectateur saisit aisément, et avec transport, l'ordre, le plan, la conduite de ce grand ouvrage. C'est ainsi que l'objet total d'un poëme doit se présenter d'une façon claire, simple et élevée. Ainsi, dans le plafond de M. Pierre, on voit une unité de composition qui enchante, toutes les parties tendant à un seul corps, toutes les causes à un seul effet, tous les ressorts à un seul mouvement.

On voit un calvaire construit dans le dernier plan; il termine l'église du côté du nord. Ce respectable asile offre à la ferveur des fidèles le Sauveur crucifié. Cet ouvrage est du sculpteur Auguier.

La chaire de vérité est d'un genre italique, et est admirée de tout le monde. Ce monument, neuf par sa composition, brillant par sa richesse, intéressant par sa singularité, est de M. Challe. MM. Coustou, Boulée, Vien, Doyen, Coypel, et autres grands artistes, ont embelli l'église Saint-Roch de leurs productions immortelles.

Un jeu d'orgue très-complet, et très-mélodieux, entre dans l'ordre des décorations magnifiques de l'église Saint-Roch.

Les ossemens des grands hommes qui reposent dans ce temple, commandent le plus grand respect, comme de leur vivant ils commandaient l'admiration; de ce nombre, sont: André Le Nostre, contrôleur des bâtimens de Louis XIV; il mourut en 1700, âgé de soixante-quinze ans : Nicolas Ménager, à qui Louis XIV donna l'ordre de Saint-Michel pour récompenser sa probité dans les affaires de négoce dont il fut chargé : François Auguier et Michel Auguier, tous deux frères et célèbres sculpteurs ; l'aîné mourut en 1699 ; le second en 1686 : Pierre Corneille, né à Rouen, en 1606, mort à Paris, en 1684 ; ce fut lui

. . . . Qui crayonna
L'âme d'Auguste et de Cinna,
De Pompée et de Cornélie, etc.

Ce fut dit-on pour le Christ peint dans l'église Saint-Roch, qu'il composa ce quatrain peu connu :

Pécheur, tu vois ici le Dieu qui t'a fait naître ;
Sa mort est ton ouvrage, et devient ton appui ;
Dans cet excès d'amour tu dois au moins connaître
Que, s'il est mort pour toi, tu dois vivre pour lui.

La marquise Deshoulières, si connue par quelques idylles, elle mourut en 1694 : Pierre Mignard, premier peintre du roi, mort en 1695, âgé de quatre-vingt-cinq ans: François-Séraphin Régnier Desmarets, poëte français, mort en 1713, âgé de quatre-vingt-un ans : Alexandre Lainez, mort en 1710, âgé de soixante ans; tout le monde connaît les vers qu'il fit pour madame de Martel, et qui commencent par

Le tendre Appelle, un jour, dans ses jeux si vantés.

Lainez avait beaucoup de facilité, d'abandon; ses saillies étaient vives et heureuses. Il était gros mangeur, se remettait souvent à table, après avoir bien mangé, en disant que son estomac n'avait point de mémoire.

La façade de l'église Saint-Roch a été criblée de boulets et de mitraille, le 13 vendémiaire.

— Les Petits-Pères. Elle est située près de la place Victoire; son cloître est changé en atteliers, en bureaux; dans le sanctuaire se tient la Bourse. Dans cette église reposent les cendres de deux célèbres compositeurs de musique : Michel Cambert, ou Lambert, natif de Vivone en Poitou; ce fut le premier qui donna, en France, des opéras; il mourut en 1696, âgé de quatre-vingt-six ans : Jean-Baptiste Lulli ; il mourut en 1687, âgé de cinquante-quatre ans ; il était de Florence.

— LES CAPUCINS, rue Saint-Honoré. Ce couvent est regardé comme le plus ancien et le plus considérable que les Capucins aient en France. On y voyait le tombeau de Henri de Joyeuse, qui prit le nom de père Ange :

Aujourd'hui sous un casque, et demain dans un froc.

Le père Ange, couvert d'un cilice, pratiquait les plus grandes austérités. L'épée à la main, il combattit les troupes de Henri IV qui lui pardonna et lui donna le bâton de maréchal de France. Le père Joseph, si connu par son esprit d'intrigue, sous le cardinal de Richelieu, et par la création des espions de police, le père Joseph fut inhumé dans l'église des Capucins. Le cardinal de Richelieu fit orner sa tombe d'une magnifique pierre de marbre, avec une épitaphe d'une adulation révoltante.

CASERNES.

C'est à M. le maréchal, duc de Biron, que

l'on doit l'établissement des casernes que l'on voit aujourd'hui tant dans les faubourgs que hors des barrières. Ces casernes, dont les bâtimens sont spacieux, magnifiques, et d'une noble architecture, se trouvent rue de Babilone; à Popincourt; rue Verte, faubourg Saint-Honoré; faubourg Poissonnière; faubourg du Temple, etc.

COLLÉGES.

Autrefois on divisait les colléges, à Paris, en grands et petits : les grands étaient ceux où il y avait plein et entier exercice; les autres où l'on n'enseignait que la philosophie : les premiers étaient au nombre de dix; les seconds, au nombre de vingt-six.

— COLLÉGE D'HARCOURT, rue de la Harpe, fondé en 1280, par Raoul d'Harcourt, chanoine de l'église de Paris.

— COLLÉGE DU CARDINAL LEMOINE, rue Saint-Victor, fondé en 1502, par le cardinal Lemoine.

— COLLÉGE DE NAVARRE, fondé en 1304, par Jeanne de Navarre et Philippe-le-Bel, son mari. On lit dans l'Histoire du Nivernois, par Coquille, célèbre avocat du parlement, sous

Henri IV, que le roi est le premier boursier de ce collége, et que le revenu de sa bourse est affecté à l'achat des verges pour la discipline scolastique ; on peut dire avec vérité qu'il paya souvent des verges pour se fouetter. Le collége de Navarre vit sortir de son sein plus d'un savant qui lutta avec force, raison et mauvaise foi, et entêtement contre le trône.

— Collége de Montaigu, rue des Sept-Voies, fondé en 1314, par Gilles Aycelin, archevêque de Rouen. Pierre de Montaigu, neveu du fondateur, l'augmenta considérablement ; et Louis Listenois ne consentit à ratifier la validité des fondations de ses parens, qu'à condition que ce collége porterait le nom de Montaigu.

— Collége du Plessis-Sorbonne, rue Saint-Jacques, fondé en 1322, par Geoffroi du Plessis Balisson, notaire et secrétaire de Philippe-le-Long ; il fut transformé en prison, en 1792.

— Collége de Lisieux, rue Saint-Jean de Beauvais, fondé par Guy d'Harcourt, évêque de Lisieux, en 1336. Comme il entrait dans le plan de la nouvelle église Sainte-Géneviève, de démolir tous les bâtimens qui gênaient sa perspective, ceux du collége de Lisieux furent démolis, et cet établissement fut placé dans celui de Beauvais réuni lui-même au collége de Louis-le-Grand.

— Collége de La Marche, fondé en 1362, par Guillaume de La Marche et Beuve de Wieuville. Ce collége était situé rue et montagne Sainte-Géneviève.

— Collége des Grassins, rue des Amandiers, fondé en 1569, par Pierre Grassin, conseiller au parlement de Paris.

— Collége Mazarin, ou des Quatre Nations, quai Malaquai, fondé en 1661, par le cardinal Mazarin. Le nom de Quatre Nations qu'on lui a donné, vient de ce qu'il était destiné à l'éducation d'un certain nombre de gentilshommes nés dans une des quatre provinces nouvellement rentrées sous la domination du roi. Les bâtimens du collége Mazarin furent élevés sur les dessins de l'architecte du roi, Levaux, et exécutés par Lambert et d'Arbay, aussi architectes. Ce fut vers la fin de l'année 1662 qu'on a démoli la tour de Nesles qui était un reste des anciens hôtels et séjour de Nesles. Cette tour était autrefois fameuse par la débauche et la cruauté de

Jeanne, comtesse de Bourgogne et d'Artois, reine de France et de Navarre : de cette tour elle faisait le guet aux passans, et ceux qui lui plaisaient ou lui agréaient le plus, de quelque sorte de gens que ce fussent, elle les faisait appeler et venir à elle ; et, après en avoir tiré ce qu'elle en voulait, les faisait précipiter de la tour en bas dans l'eau. Jeanne, qui mourut en 1329, voulut être enterrée aux Cordeliers ; sa volonté était exprimée bien précisément. Les cordeliers tinrent en grande révérence l'honneur que leur fit Jeanne.

La façade extérieure du collége Mazarin forme un demi-cercle ; au centre est un corps d'architecture avancé, où est la principale porte de la chapelle ; quatre colonnes et deux pilastres d'ordre corinthien forment un portique magnifique. Ce corps d'architecture est accompagné de deux ailes de bâtiment qui, malgré leur belle ordonnance, coupent la vue du quai, et nuisent à sa commodité comme à son agrément. On nomme les deux pavillons, Pavillons de la Vengeance ; et certes le caractère du cardinal y était naturellement porté ; on assure qu'il les fit élever pour masquer la vue de l'hôtel Conti qui occupait l'emplacement où est bâti maintenant l'hôtel des Monnaies, et dont l'effet est perdu par cette masse des deux pavillons ; on assure qu'on va les détruire, et certes ce projet, s'il a lieu, rendra les quais Malaquai et Voltaire d'une beauté admirable.

Desjardins a sculpté les six groupes de figures du portail de l'église.

Derrière ce frontispice, le dôme s'élève ; il est décoré de pilastres accouplés d'ordre composite. Ce dôme est regardé comme un chef-d'œuvre qui fait le plus grand honneur à la conception des architectes ; on y remarque une singularité qui prouve leur savoir. La forme extérieure du dôme est sphérique, et la forme intérieure est elliptique.

Desjardins a sculpté aussi les figures de femmes, en bas-reliefs, qui sont placées dans les angles au-dessus des arcades, etc.

La sépulture de la famille de Mazarin est dans une chapelle, à côté du sanctuaire ; on y voyait, à côté du pupitre, le mausolée du cardinal Mazarin : il était représenté à genoux sur un tombeau de marbre noir ; derrière lui, un ange tenant des faisceaux qui forment le blason de sa famille ; le tout est élevé sur deux degrés de marbre blanc, où sont assises trois figures de bronze, de six pieds de proportion, représentant l'Abondance, la Prudence et la Fidélité. Un plaisant a remarqué que ces trois figures ont la bouche close, le cardinal leur ayant ordonné de se taire. Ce mausolée est dû au ciseau de Coysevox.

Alexandre Véronèse a peint le tableau du grand autel, et Jouvenet les petits tableaux qui sont dans les bordures rondes. Il y a quelques années que ce maître-autel a été réparé, et on y a placé, au-dessus de la corniche, un bas-relief où l'on voit saint Louis recevant la couronne d'épines des mains du patriarche de Jérusalem. Ce morceau a été exécuté par M. Bocciardi, sculpteur des Menus Plaisirs du roi.

Les bâtimens du collége Mazarin, les cours surtout, sont immenses.

La bibliothéque du collége Mazarin était celle du cardinal qui la forma de plusieurs autres qu'il acquit, notamment celle de Gabriel Naudé, l'homme de son temps qui avait les connaissances les plus exactes en bibliographie. La bibliothéque est composée de plus de soixante mille volumes, parmi lesquels il y en a de très-précieux ; on y comptait grand nombre de manuscrits que M. Colbert a fait placer à la bibliothèque de la rue de Richelieu.

Les chaires du collége Mazarin ont, de tout temps, été occupées par des hommes célèbres : MM. Lacaille, Varignon, sont de ce nombre.

Pendant le règne de la terreur en France, le collége Mazarin fut transformé en prison, puis en école centrale, normale, primaire; il est maintenant l'asile de quelques peintres et sculpteurs obligés de quitter le logement qu'ils avaient au Louvre.

— COLLÉGE DE LOUIS-LE-GRAND, rue Saint-Jacques, fondé en 1560, par Guillaume Duprat, évêque de Clermont, sous le nom de Collége de Clermont, érigé en fondation royale, en 1682, sous Louis XIV, et réuni à l'Université en 1763. Le collége de Beauvais fut réuni à celui de Louis-le-Grand, en 1764. Ce fut au collége de Beauvais que Saint-François Xavier professa la philosophie en 1551.

Arnaud d'Ossat, plus célèbre encore par son mérite, par ses qualités personnelles, par son habileté dans les affaires politiques, que par les emplois, les charges, les dignités dont il fut honoré et la pourpre dont il fut décoré, professa en 1559 dans ce même collége.

MM. Rollin et Coffin ont été successivement administrateurs du collége Louis-le-Grand. Nous devons au premier d'excellens ouvrages sur les belles-lettres et l'histoire; les œuvres du second ont été recueillies par M. Crevier; elles sont un monument précieux pour les sciences. Ce fut à la sagesse des négociations de M. Coffin que le public fut redevable de l'instruction gratuite établie dans l'Université.

Les vingt-six petits colléges réunis à celui de Louis-le-Grand : les principaux étaient, suivant l'ancienneté de leurs fondations :

— COLLÉGE DE NOTRE-DAME DES DIX-HUIT, fondé en 1180, par Josse de Londres, chanoine de Paris.

— COLLÉGE DES BONS-ENFANS, fondé en 1478, par Jean Plagette.

— COLLÉCE DU TRÉSORIER, fondé en 1268, par Guillaume de Saône.

— COLLÉGE DES CHOLETS, fondé en 1292, par Jean de Bulles.

— COLLÉGE DE BAYEUX, fondé en 1308, par Guillaume Bonnet.

— Collége de Laon, fondé en 1313, par Guy de Laon.

— Collége de Presles, fondé en 1313, par Raoul de Presles.

— Collége de Sorbonne, fondé en 1316, par Bernard de Fages.

— Collége de Cornouailles, fondé en 1321, par Galeran Nicolas, dit de Grève.

— Collége de Tréguier et de Léon, fondé en 1325, par Guillaume Koetmahan.

— Collége d'Arras, fondé en 1327, par Nicolas Le Caudrelier.

— Collége de Bourgogne, fondé en 1331, par Jeanne de Bourgogne. C'est sur l'emplacement de ce collége que l'on a élevé les bâtimens de l'École de Chirurgie.

— Collége de Tours, fondé en 1333, par Étienne de Bourgueil.

— Collége de Cambrai, fondé en 1346, par Hugues de Pomard.

— Collége de Reims, fondé en 1412, par Guy de Roye.

— Collége de Sainte-Barbe, fondé en 1257, par Jean Hubert.

— COLLÉGE DES ÉCOSSAIS, fondé en 1325, par David, évêque de Murrai, en Écosse.

— COLLÉGE DE CLUGNI, fondé en 1269, par Yves de Vergi.

Il me reste à parler maintenant d'un établissement célèbre par le nombre des grands hommes en tout genre, qui en ont été les membres, et dont les lumières et la savante érudition ont illustré leur patrie, et porté le flambeau des connaissances dans toutes les parties de l'univers.

— COLLÉGE DE FRANCE, place Cambrai. Le Collége Royal de France fut fondé par François I.er ; il appartenait sans doute au créateur des lettres en France, de réunir ceux à qui elles devaient tant. Ce prince voulait signaler le commencement de son règne, par fonder un pareil établissement ; il avait même désigné l'hôtel de Nesles, où est maintenant le collége Mazarin ; mais la guerre qui l'occupait ne lui permit pas d'exécuter son projet. Cette fondation, vraiment magnifique, devait être en tout digne d'un grand roi. Douze professeurs en langue latine, grecque, hébraïque, devaient enseigner gratis six cents écoliers ; mais François I.er ne put que faire élever les bâtimens du collége, qui furent achevés en 1550. Ses successeurs fondèrent à l'envi différentes chaires : Charles IX, une de chirurgie ; Henri III, une de langue arabe, Henri IV, une d'anatomie et une de botanique; Louis XIII, une de droit canon ; Louis XIV, une de langue syriaque et de droit français ; Louis XV, sans augmenter leur nombre, a affecté à d'autres langues et à d'autres sciences les anciennes chaires ; Louis XVI a imprimé à cet établissement le caractère de grandeur et dignité qui convient au sanctuaire des muses ; leur temple fut desservi par les hommes les plus illustres, et par leurs favoris : MM. Lourdet, Cordonne, Vouvelliers, Bosquillon, Bejot ; les abbés Aubert et Delille ; MM. Mauduit, Lalande, Girault de Keroudou, Lemonier, Cousin, Portal, Raulin, d'Arcet, d'Aubenton, Bouchot, l'abbé du Temps, et autres personnes recommandables.

En 1609, Henri IV voulut loger dignement les professeurs du collége ; mais sa mort suspendit les travaux. Son épouse, Marie de Médicis, fit acheter le collége Tréguier, pour commencer l'exécution des plans adoptés sous le règne précédent. Louis XIII en posa la première pierre, en 1610 ; mais on n'éleva qu'une aile de ce bâtiment qui, jusqu'en 1774, resta imparfait. Il appartenait au petit-fils de Henri IV, à l'héritier de ses vertus et de son amour pour les arts, d'achever ce qu'il avait projeté. M. Chalgrin, son architecte, eut ordre de présenter des plans ; ils furent acceptés, et M. le duc de la Vrillière posa la première pierre du Collége Royal de France, le 22 mars 1774. Le plafond, qui est une allégorie à la gloire des princes, a été peint par M. Tarraval : il est généralement admiré.

Il y avait dans ce collége une chaire de mathématiques fondée par Pierre Ramus ou la Ramée ; il était fils d'un gentilhomme liégeois ; il avait une telle vocation pour l'étude, qu'il vint à Paris à pied demandant son pain sur les routes. Arrivé dans la capitale il y manqua du nécessaire, et pour se le procurer il entra domestique au Collége de Navarre. Il s'y fit remarquer par son intelligence ; on le distingua, et il s'assit sur les bancs de l'école. Quelques années après il fut reçu maître-ès-arts. Ses ennemis, voulant le perdre dans l'esprit de François I.er, il fut interdit de la profession, et ses livres furent défendus. Ce que l'on croira sans peine, c'est que l'Université ne lui pardonna jamais, non-seulement ses talens et sa fermeté, mais une manière de prononcer le latin qui n'était pas celle de cette savante institution ; et l'importante question de savoir si l'on prononcerait *quamquam* comme Ramus, ou *kamkam*, comme l'Université, agita long-temps le savant aréopage, et causa une guerre de plume aussi longue que ridicule. Ramus fit face à l'orage, et le conjura pour un temps. Il fut nommé principal du collége de Presle. On voulut encore l'expulser ; il fallut qu'un arrêt du parlement l'y maintînt, tant était forte la tourbe scholastre déchaînée contre lui. En 1551 Henri II lui donna une chaire de professeur royal ; on lui suscita encore des querelles assez sérieuses pour qu'il allât se cacher en Allemagne. L'accueil honorable que lui firent les savans de ce pays, l'aurait bien dédommagé des persécutions qu'il éprouvait de la part de la médiocrité, l'aurait consolé, si l'on pouvait l'être loin de sa patrie. Il y revint pour courir des dangers affreux, pour éprouver ce que peut la plus odieuse ingratitude, et pour y trouver la mort la plus lente et la plus horrible. Pendant les massacres de la Saint-Barthélemi Ramus se cacha dans une cave ; Charpentier, son compétiteur et son ennemi, l'y découvrit ; notre philosophe lui demanda la vie, et Charpentier de l'argent pour la lui laisser. Ramus acquitta sa rançon sur-le-champ, et le perfide Charpentier après l'avoir touchée, le livra aux massacreurs catholiques. Il fut égorgé, jeté par les fenêtres, et ses écoliers, excités par ses rivaux, mutilèrent son cadavre, le traînèrent sur la place Maubert, et finirent par le jeter dans la rivière. Cet homme, aussi savant que vertueux, avait pendant soixante-neuf ans couché sur la paille, et n'avait vécu que de pain et d'eau. Il n'était pas un seul de ses écoliers qui l'outragèrent après sa mort, qui n'en eût reçu quelques bienfaits ; il leur distribuait ses revenus, qui étaient assez considérables. Ainsi finit un des plus illustres savans du seizième siècle, qui contribua le plus au rétablissement des sciences, et qui, par son testament, laissa cinq cents livres de rentes pour fonder une chaire de mathématiques.

En 1763, sous le rectorat de M. Coyer, le Collége de Navarre fut réuni à l'Université.

Tous ces colléges où la jeunesse venait puiser les leçons du droit civil et politique ; apprendre l'art des Montesquieu, des Démosthène, des Mézerai ; raisonner avec les physiciens les plus célèbres ; discourir sur Dieu et la grandeur de ses ouvrages ; badiner avec les Mondes de Fontenelle ; s'instruire à l'école des Delille, des Aubert ; tous ces établissemens, qui fournirent tant de grands hommes dans tous les genres, sont croulés à la voix d'une quarantaine de barbares ignorans, qui regardaient comme inutile tout ce qui pouvait rendre meilleurs les hommes qu'ils voulaient égorger. Les biens affectés aux fondations de toutes ces maisons, ont été aliénés, dispersés, vendus et engloutis. Cependant, depuis que le volcan ne jette plus que des feux pâles, les colléges se rouvrent ; les lycées s'asseyent sur les ruines des universités, des colléges et des écoles. L'éducation possède quelques asiles dirigés par des hommes de mérite. Les fils des défenseurs de la patrie sont reçus dans les lycées, et entretenus aux frais du gouvernement.

BASOCHE.

On appelait Basoche la communauté des clercs du parlement de Paris, établie pour connaître des différens qui s'élevaient entr'eux. Son institution est de 1302, temps où le parlement fut rendu sédentaire à Paris. Philippe-le-Bel voulut que les basochiens eussent un roi, ce qu'ils firent. François I.er, voulant voir ce que l'on appelait alors la montre de la Basoche, elle lui fut présentée le 15 juin 1548 : il y avait huit cents clercs. Lors de la révolte de la Guyenne sous Henri II, ce prince envoya le connétable de Montmorenci avec une forte armée pour les réduire ; le roi de la Basoche offrit des secours ; il fournit six mille hommes, qui remplirent leurs devoirs avec honneur et vaillance. Le roi, satisfait de leur conduite, voulut les récompenser ; ils répondirent qu'ils étaient prêts à mourir pour lui et pour leur patrie, qu'ils ne voulaient pas d'autre récompense. Henri leur donna la permission de faire couper dans les bois tels arbres qu'ils voudraient pour servir à la cérémonie du plant de mai, qu'ils avaient coutume de faire planter ; et pour subvenir aux frais, il leur accorda une somme à prendre sur ses domaines ; il permit de plus au roi de la Basoche et à ses lieutenans, d'avoir dans leurs armoiries (qui sont trois écritoires), timbre, casque et morion, pour marque de souveraineté.

Le nombre des clercs de la Basoche s'accrut considérablement ; il monta jursqu'à dix mille. Henri III révoqua le titre de roi, et défendit qu'aucun sujet ne le portât. Depuis ce temps tous les droits de la Basoche passèrent dans la personne de son chancelier. Quoique les membres composant la juridiction de la Basoche portassent les noms consacrés aux premiers ministres de l'état, ce fut toujours sans tirer à conséquence. Autrefois, et au mois de juillet, le roi de la Basoche faisait la montre générale de tous ses clercs, distribués en douze compagnies; après cette cérémonie ils allaient donner des aubades à messieurs du parlement, et représentaient une moralité ou une farce, genre de pièces qu'ils avaient imaginé pour éluder le privilége que les confrères de la Passion avaient seuls de jouer les mystères. On pouvait regarder les uns comme jouant la comédie, et les autres la tragédie; la satire était le principal mérite des farces que jouaient les Basochiens. Il n'avaient point de théâtre fixe, et leurs jeux se passaient tantôt au palais, tantôt au châtelet, et le plus souvent dans des maisons particulières. L'indécence s'étant introduite dans leurs jeux, ils eurent ordre de les suspendre. Louis XII les rétablit, et ce prince consentit à ce que les Basochiens dressassent leur théâtre sur la table de marbre, si fameuse par son ancienneté et sa largeur. Cette table, la plus large, la plus longue et la plus épaisse qu'on ait jamais vue, fut réduite en poussière par l'incendie du Palais, en date du 6 mars 1518. Les rois de France donnaient ordinairement audience aux ambassadeurs dans une grande salle du palais de justice. Ils y donnaient aussi les festins publics, et y faisaient les noces des enfans de France. Elle était ornée des statues des rois de France, à commencer par Pharamond. Une inscription placée au-dessus de chacune, annonçait le nom du prince, la durée de son règne et la date de sa mort. A l'une de ses extrémités était une table de marbre d'un seul morceau. Les clercs de la Basoche furent assez hardis pour jouer les personnages de la cour; Lous XII même ne fut pas à l'abri de leurs traits; il s'emportèrent au delà des bornes élevées par la plus complaisante autorité. La licence ne garda plus de mesure, et le parlement indigné supprima leurs jeux en 1540.

L'esprit qui avait animé les premiers clercs de la Basoche, perdit de sa malignité et de son arrogante fierté; mais le feu sacré de l'honneur national qui l'avait créé s'entretint toujours jusqu'à la révolution française. Sa montre et son plant de mai subsistèrent jusqu'en 1789. Sous le ministère de Neker ce fut le dernier roi de la Basoche qui, à la sollicitation de ce ministre, alla dans le pays chartrain chercher des blés pour alimenter à Paris la tombe qui devait l'incendier.

HANOUARDS
ou Porteurs de Sel.

Avant que la révolution arrivée en France eût renversé tous les établissemens publics, qui assuraient au fisc un aliment sûr et indispensable, il y avait dans la capitale et dans les villes de province, un grenier où l'on emmagasinait le sel nécessaire à leur consommation. Au grenier à sel de Paris, on avait créé la charge de vingt-quatre hanouards ou porteurs. Un usage attaché à leurs priviléges était celui de porter les corps des rois de France jusqu'à la croix la plus près de Saint-Denis, où les religieux venaient s'en charger. J'ai cherché, et dans un grand nombre d'historiens, à deviner le motif qui avait pu fonder ce privilége, et je n'ai trouvé que des conjectures établies. Voici la plus accréditée : il paraît que l'on ignorait l'art d'embaumer les corps, ou qu'on en avait perdu la connaissance. Alors on les coupait par pièces, qu'on salait après les avoir fait bouillir dans de l'eau, que l'on jettait bien dévotement dans un cimétière. Les porteurs de sel étaient sans doute chargés de ces grossières opérations, et obtinrent peut-être le triste honneur de rendre ces débris à la terre. Ils portèrent, en 1422, le corps de Charles VI jusqu'à l'église, parce que les religieux, trouvant le fardel trop pesant, donnèrent de l'argent aux hanouards pour s'en exempter.

BAINS.

Il est étonnant que, dans une ville aussi peuplée que celle de Paris, où les miasmes qui s'échappent sans cesse chargent l'air de vapeurs méphitiques, l'usage des bains ne soit pas plus fréquent, et les établissemens destinés à les prendre plus multipliés. Les orientaux mettent au nombre de leurs pratiques religieuses les ablutions; et si un précepte du Coran leur en a fait une loi, c'est que le prophète savait bien que les bains entretenant la santé, disposent l'âme et la préparent à remplir les obligations et les devoirs dont chaque citoyen est comptable à sa patrie. Les Romains avaient plusieurs magnifiques bains publics. Pline assure que les bains ne furent en usage à Rome, que du temps de Pompée; et les édiles eurent soin d'en faire construire plusieurs : Mécène fit bâtir le premier bain public; Agrippa, dans l'année de son édilité, en fit bâtir cent soixante-dix; Néron, Vespasien, Tite, Domitien, Sévère, Aurélien, Dioclétien, et tous les empereurs qui cherchèrent à se rendre agréables au peuple, firent bâtir des étuves et des bains du marbre le plus précieux, et les architectes donnèrent les plus beaux plans. On a compté huit cents de ces édifices répandus dans les quartiers de Rome. L'heure de l'ouverture des bains était annoncée au son d'une espèce de cloche; les prix en étaient très-modiques, et par conséquent à la portée du peuple qui, plus que le millionnaire, a besoin d'ablutions pour la santé. Les empereurs venaient souvent se baigner avec le peuple; leur présence le réjouissait. Dans les fêtes publiques les bains étaient administrés gratuitement; ils étaient suspendus, ainsi que les spectacles, pendant les grandes calamités : la décence et la modestie présidèrent à ces établissemens; la pudeur y était observée avec le plus grand scrupule ; mais, avec le temps, les meilleures institutions se corrompent, et la corruption entraîne avec elle tous les fléaux qui détruisent les empires. Les habitans de Paris se baignent peu; je sais bien que le climat des sectateurs de l'Ilamisme, que celui des Romains diffèrent du nôtre, et que l'usage des bains publics est de moindre rigueur ; mais cependant je vois avec peine qu'il soit tant négligé à Paris, que les bains publics soient en aussi petit nombre, et le prix qu'on y met aussi considérable. Il serait à désirer qu'il se trouvât un plus grand nombre de bains ainsi que d'écoles de natation. C'est dans une grande ville que les avantages de l'art de nager doivent être pris en grande considération. Cicéron dit, en parlant d'un jeune Romain : *Nescit litteras nec natare.* Les élémens de la natation entraient dans l'éducation de ces maîtres du monde. Des exemples trop fréquens prouvent que nous avons bien tort de négliger les dispositions naturelles que la nature nous a départies pour nager.

Il y a à Paris plusieurs écoles de natation : celle que l'on voit au bas du quai Bonaparte, est la plus vaste et la plus commode ; on y apprend à nager avec la plus grande méthode :

on commence par une leçon préparatoire qui a pour objet tous les mouvemens qu'on est obligé de faire pour se soutenir sur l'eau ; cette leçon se donne à sec, c'est-à-dire le corps vêtu, hors de l'eau, couché et suspendu sur des machines imaginées à cet effet ; et, comme ces leçons sont données à couvert, on peut les prendre en tout temps. Les membres ainsi disposés aux mouvemens de la natation, on répète ces premières leçons dans un bassin destiné à nager ; ensuite on apprend à nager tout habillé. Cette manière est de la plus grande importance, car c'est toujours habillé que l'on tombe à l'eau. Si le nageur n'était pas assez instruit, il braverait très-difficilement la mort ; mais comme dans un bassin, quelque large qu'il soit, on n'éprouve pas autant de résistance qu'en pleine eau, et que l'on ne peut y calculer l'étonnement, la surprise inséparables d'une chute improviste, on apprend aux élèves à se précipiter dans la rivière, à remonter son courant, à lutter contre ses vagues mutinées, que soulèvent et qu'amoncèlent le vent et la tempête. On s'exerce ensuite à plonger, et cette science est d'une utilité aussi grande que celle de se soutenir sur les eaux ; elle unit à son avantage personnel celui d'être utile à ses semblables : combien de fois n'a-t-on pas vu des plongeurs habiles aller chercher, au fond des rivières, et rendre à sa famille éplorée la timide enfance qui, en jouant sur leur surface, a coulé sur le sable et disparu !

Long-temps les bains, à Paris, ne furent autre chose que de grands bateaux appelés *toue*, faits de sapin, et recouverts d'une grosse toile, autour desquels on voyait de petites échelles attachées par des cordes, pour descendre dans un endroit de la rivière où l'on trouvait des pieux enfoncés d'espace en espace, qui soutenaient ceux qui prenaient les bains, ainsi qu'on en voit au bas du jardin dit Le Terrain, sur le quai des Morfondus, de la Féraille, des Quatre-Nations, etc.

Ce fut en 1785 que M. Tarquin, animé du désir de payer sa dette à sa patrie, en s'occupant des moyens de conserver la vie à ses concitoyens, proposa au gouvernement son plan d'école de natation ; il fut soumis au prévôt des marchands, à MM. de l'académie royale des sciences et de la société royale de médecine, qui applaudirent au zèle philantropique de son auteur, accueillirent et protégèrent son établissement : l'école de natation s'éleva à la pointe de l'île Saint-Louis ; et, le local étant devenu insuffisant par l'influence du public qui s'y portait en foule, il transporta un nouvel établissement au-dessous du pont Royal, à l'endroit nommé la Grenouillère. On bâtit ensuite des bains où l'on se baignait dans un petit cabinet particulier, tels que ceux que l'on voit au Pont-Neuf, sur le quai Bonaparte. En 1801, M. Bélanger construisit le magnifique bain placé sur la Seine, en face du Pavillon de Flore, au couchant de Paris.

M. Albert, quai Bonaparte, au coin de la rue Belle-Chasse, tient des bains médicamentaux, des douches ascendantes et descendantes, et les bains de vapeurs. M. Albert a destiné, aux pauvres attaqués de maladies graves, une salle dans laquelle ils reçoivent *gratis* tous les soins qu'on peut attendre de la bienfaisance. Outre ces bains, il y a encore des Bains Chinois, boulevard Italien ; les Bains Poitevin, quai Bonaparte, sur la rive de la Seine. On trouve encore des bateaux couverts en toile, où l'on se baigne pour un prix modique, et dans lesquels on trouve des cabinets particuliers pour les hommes et les femmes. A Tivoli on trouve des bains médicamenteux.

SAINT-EUSTACHE.

Ce n'était originairement qu'une petite chapelle dédiée à Sainte-Agnès qui existait en 1213; elle ne fut érigée en cure que vers l'an 1223. La première pierre de l'église qu'on voit aujourd'hui, fut posée en 1532. Le mélange du gothique et du moderne, dans ce bâtiment, produit une confusion désagréable. On voyait, dans cette église, le tombeau de Jean-Baptiste Colbert, dont le nom donne l'idée d'un grand ministre; il mourut le 6 septembre 1683, âgé de soixante-quatre ans : ce monument, composé par Lebrun, fut exécuté par Baptiste Tuby et Antoine Coisevox; plus loin, celui de Martin Cureau de La Chambre, médecin du roi, et l'un des quarante académiciens, mort en 1669; on doit encore ce chef-d'œuvre à Tuby : on y voyait aussi la sépulture de M. de Chevert, de ce brave militaire qui, de simple soldat, parvint aux premières dignités militaires, et ne les dut qu'à son courage et à sa loyauté : les cendres de Vincent Voiture, de Vaugelas, de Furetière, de Benserade, du naturaliste Homberg, et du peintre Charles Lafosse, celui qui a peint le dôme des Invalides ; ces illustres cendres reposent dans l'église Saint-Eustache.

Cette église, qui a été dévastée par les vandales, reprend peu à peu son antique splendeur ; déjà elle a recouvré de magnifiques tableaux qui ornaient son sanctuaire.

MORGUE.

On appelait autrefois morgue, une petite chambre placée à l'entrée des prisons, où l'on mettait d'abord les prisonniers, pour donner aux guichetiers le temps de les bien reconnaître : aujourd'hui on donne ce nom à un endroit où l'on expose les corps morts trouvés la nuit dans les rues, et les noyés.

La morgue de Paris est dans le marché Palu ; il y en a aussi une à Chaillot.

HALLE AUX BLÉS.

Cet édifice, d'une utilité générale, fut construit en 1762. Sa forme circulaire, et la noble simplicité qui le décore, répondent parfaitement à l'usage auquel il est destiné ; parfaitement isolé, il est percé de vingt-cinq arcades de dix pieds et demi d'ouverture, toutes de même grandeur : six servent de passage, et répondent à autant de rues terminées par des carrefours.

Les voûtes du rez-de-chaussée sont des voûtes d'arêtes portées en pendentif sur des colonnes de proportion toscane, dont les socles sont coupés à pan, pour ne point gêner le service. Au-dessus on voit régner de vastes greniers auxquels on communique par deux magnifiques escaliers : celui du côté de la rue de Grenelle est admirablement appareillé ; celui que l'on remonte du côté de la rue du Four, est d'une forme nouvelle ; on y monte de quatre côtés jusqu'au premier pallier : ensuite on reprend par deux rampes qui se croisent parallèlement, et conduisent jusqu'au haut.

On a conservé la colonne de Médicis, sur laquelle on a placé un méridien de l'invention de feu M. Pingré, chanoine régulier de Sainte-Géneviève : ce cadran, d'un genre singulier, marque l'heure précise du soleil à chaque point de la journée, et dans chaque saison. La colonne de Médicis fut élevée en 1572, sur les dessins de l'architecte Ballant, pour les observations astronomiques de la reine Catherine de Médicis, à quatre-vingt-huit pieds de haut ; elle tient des ordres dorique et toscan : ses ornemens consistent en cannelures où se voient des couronnes, des fleurs de lys, des cornes d'abondance, des miroirs cassés, des lacs d'amour déchirés, des C, des H enlacés : allégories à la viduité de cette reine qui, après la mort de Henri II, ne voulait plus plaire à personne.

La coupole, dont on a couvert cette halle, ajoute à sa beauté. Cette voûte de cent vingt pieds de diamètre, est la plus grande qui soit en France ; elle forme un demi-cercle parfait dont le centre est pris au niveau de la corniche, à quarante pieds de terre, ce qui, joint à soixante pieds de rayon, forme une hauteur de cent pieds, depuis le sol jusqu'au sommet de la voûte.

Elle n'est formée qu'avec des planches de sapin d'un pied de largeur, d'un pouce d'épaisseur, et d'environ quatre pieds de longueur. L'invention de ce procédé ingénieux et fort économique, est due à Philibert de Lorme, architecte du roi Henri II, et de la reine Catherine de Médicis, en 1540. Ce procédé, totalement oublié, a été remis en œuvre par MM. Molinos et Legrand.

Un violent incendie a consumé, en 1804, cette admirable voûte.

BANQUIERS.

Adam, et C.ie, rue Neuve des Capucines.
Andrieu, rue de la Michaudière.
Bagueneau et C.ie, Boulevard Montmartre, n.º 17.
Bastide et fils, rue Cerutti, n.º 11.
Bazin (Ch.) Junett, Brahi et C.ie, rue Saint-Marc, n.º 10.
Bertin Devaux et C.ie, rue Hauteville, n.º 19.
Billing et C.ie, rue des Filles-Saint-Thomas, n.º 5.
Boucherot et C.ie, rue du Mont-Blanc, n.º 32.
Bouchet et C.ie, rue du Mont-Blanc, n.º 64.
Boursier, rue Notre-Dame des Victoires.
Baquet, rue des Vieilles Audriettes.
Busoni, Goupy et C.ie, rue Thévenot, n.º 24.
Cousin et André, rue Saint-Martin, n.º 268.
Davillier (J.-Ch.) et C.ie, rue Basse du Rempart, n.º 16.
Defly, frères, place Vendôme, n.º 29.
Delessert et C.ie, rue Coq-Héron, n.º 3.
Desprez, banquier du Trésor Public, rue de Choiseuil, n.º 23.
Deville et C.ie, rue Basse du Rempart, n.º 12.
Doyen et C.ie, rue Cérutti, n.º 9.

Dupin, Dominique, André, rue du Mont-Blanc, n.° 37.

Durand (L.), rue Caumartin, n.° 1.

Éméric, frères, rue du Faubourg Poissonnière, n.° 28.

Fould (B.-L.), rue Bergère, n.° 10.

Fulchiron et C.ie, rue Helvétius, n.° 18.

Golet, Le Prieur, rue du Petit-Carreau, n.° 16.

Gamot et C.ie, rue Saint-Lazare, n.° 79.

Gastinel, rue de Thionville, n. 32.

Gros Davilliers, boulevard Montmartre, n.° 15.

Guebhard, rue de la Michaudière, n.° 8.

Hervas (J.-M.), rue Saint-Florentin, hôtel de l'Infantado.

Hottinguer et C.ie, rue du Sentier, n.° 20.

Johannot, Marlier, Marbon et C.ie, rue Neuve des Mathurins, n.° 1.

Julien (veuve R.-B.) et fils, rue du Sentier, n.° 26

Karcher et C.ie, rue de la Michaudière, n.° 4.

Lecomte, rue du Sentier, n.° 22.

Lefevre, (J. J.) rue Chapon, au Marais.

Mallet frères, et C.ie, rue du Mont-Blanc, n.° 13.

Marceille Robin, et C.ie, rue Saint-Joseph, n.° 6.

Marlier, rue Grange-Batelière, n.° 22.

Martin Puech, fils, et C.ie, rue du Gros-Chenet.

Maurin, rue de l'Université.

Michel, aîné, rue du Mont-Blanc, n.° 40.

Michel, jeune, place Vendôme, n.° 14.

Olivier Outrequin, rue du Gros-Chenet, n.° 19.

Perrier, frères, Flory et C.ie, place Vendôme, n.° 3.

Recamier, rue du Mont-Blanc, n.° 9.

Rodrigues, Patto et C.ie, rue des Petites-Écuries, n.° 43.

Rolland, Denis et C.ie, rue Joubert, n.° 31.

Rougemont de Lowemberg, rue Bergère, n.° 9.

Saillard, aîné, rue de Clichy, n.° 44.

Schuchard, et C.ie, rue Neuve-Égalité, n.° 7.

Sellière, fils, rue des Moulins, n.° 18.

Sevennes, frères, rue Neuve-Lepelletier, n.° 2.

Soehne, et C.ie, rue de la Loi.

Tassin, rue Helvétius, n.° 71.

Tolier, et C.ie, île Saint-Louis, quai des Balcons.

Thornton, Richard, Power et C.ie, rue Cérutti, n.º 5.

Tourton, Ravel et C.ie, rue Saint-Georges, n.º 2.

Vanputen, Guinebaud, rue de Menars, n.º 12.

Worms, Olry, Hayem, rue de Bondi, n.º 44.

FIN.

TABLE

DES MATIÈRES

CONTENUES DANS CE VOLUME.

A.

	Pages.
ABBAYE Saint-Germain-des-Prés.	220
Académies d'Armes.	182
— D'Equitation.	255
— De Jurisprudence.	167
— Impériale de Musique.	205
— De Législation.	167
Administrations de l'Enregistrement des Domaines.	13
— De la Dette Publique.	15
— Des Douanes.	14
— Des Forêts.	15
— Des Postes aux Chevaux.	14
— Des Postes aux Lettres.	14
Arrondissemens municipaux.	15
Arsenal. (l')	169

TABLE.

	Pages.
Athénée des Arts.	201
— Des Étrangers.	201
— De Paris.	201
— Des Sciences, Lettres et Arts.	201
Augustins. (Grands)	213
— (Petits)	80
Autorités militaires.	16

B

Bains.	283
Banque.	203
Banquiers.	293
Barrières.	6
Basoche.	278
Bibliothéque de l'Arsenal.	167
— Du Conservatoire de Musique.	166
— Du Corps Législatif.	167
— De l'Ecole de Chirurgie.	165
— De l'Ecole des Mines.	165
— De l'Ecole Polytechnique.	165
— Impériale.	163
— De l'Institut.	164
— Mazarine.	164
— Du Jardin des Plantes.	167
— De Sainte-Géneviève.	167
— Du Sénat.	167
— De la Ville.	167
— Du Tribunat.	167
Boulevarts.	7
Bourse.	131

C.

	Pages.
Cabinet d'Histoire Naturelle.	58
— De M. Bertrand.	142
Capucins.	263
Carmelites.	241
Carmes du Luxembourg.	183
Casernes.	263
Censeurs.	252
Champ-de-Mars.	34
Chartreux. (les)	111
Château d'Eau.	149
Châtelet. (Le Grand)	56
— (Le Petit)	56
Collége d'Arras.	272
— De Bayeux.	270
— De Sainte-Barbe.	272
— Des Bons-Enfans.	270
— De Bourgogne.	272
— De Cambrai.	272
— Des Cholets.	272
— De Cluni.	272
— Des Dix-Huit.	270
— Du Plessis.	265
— Des Écossais.	272
— De France.	272
— Des Grassins.	266
— D'Harcourt.	264
— De Laon.	272

Collége Le Moine. 264
— Louis-le-Grand. 270
— La Marche. 266
— Lisieux. 265
— Mazarin. 266
— Montaigu. 265
— De Navarre. 264
— De Presles. 272
— De Reims. 272
— De Sorbonne. 272
— Du Trésorier. 270
Combat du Taureau. 254
Commissaires de Police, 16
Concerts. 253
Conservatoire de Musique. 166
Cordeliers. 71
Cours de Justice. 15

D.

Dépôt des Lois. 167
— Des objets d'arts. 167
— De la Préfecture de Police. 192
Deuil. (bureau de) 132

E.

École d'Architecture. 166
— De Chirurgie. 155
— De Dessin. 132
— Militaire. 32

TABLE.

	Pages.
École de Peinture.	166
— Polytechnique.	166
— De Sculpture.	166
Écriteaux.	133
Église Saint-André-des-Arts.	171
— Saint-Barthélemi.	177
— De la Sainte-Chapelle.	100
— Saint-Eustache.	289
— Sainte-Géneviève.	52
— Saint-Germain-l'Auxerrois.	183
— Saint-Gervais.	256
— De la Madeleine.	183
— Saint-Médard.	236
— Notre-Dame.	49
— Saint-Paul.	256
— Des Petits-Pères.	262
— Saint-Roch.	259
— Des Théatins.	254
Estrapade. (l')	134

F.

Filles Publiques.	149
Fontaine Alexandre.	45
— Des Audriettes.	48
— Des Carmes.	48
— De la Charité.	49
— De Saint-Côme.	48
— Des Cordeliers.	48
— Sainte-Géneviève.	47
— De Grenelle.	46

Fontaine des Innocens.	47
— Saint-Michel.	48

G.

Galiotes.	253
Gazettes.	248
Gobelins.	125
Gouvernement.	10

H.

Halle aux Blés.	290
— Aux Veaux.	170
— Aux Vins.	170
Hanouards ou porteurs de Sel.	282
Hôpital Beaujeon.	184
— De la Charité.	188
— Cochin.	184
— Du faubourg Saint-Antoine.	184
— Général.	186
— Des Incurables.	187
Hôpitaux Militaires.	185
Hôpital Necker.	184
— Saint-Louis.	185
Hospices. (Administration des)	16
Hospice des Aveugles.	185
— De la Maternité.	185
— De Retraite.	185
— De Vaccination.	185

TABLE.

	Pages.
Hôtel-Dieu.	118
— Des Monnaies.	126
— De Ville.	255
Hôtels remarquables.	228
Hôtel de Beaujeon.	235
— De Beaumarchais.	236
— De Biron.	228
— Boudeville.	230
— De Bouillon.	229
— Bretonvilliers.	228
— De Brissac.	228
— De Brunoy.	236
— Carnavalet.	256
— De Cluni.	235
— De Conti.	228
— De Croy.	231
— Du Gouverneur de Paris.	236
— De Mademoiselle Guimard.	235
— De Juigné.	228
— Kunski.	236
— De Luynes.	235
— De Matignon.	232
— Mirabeau.	235
— Monaco.	236
— Montholon.	236
— De Nivernois.	233
— De Rochechouart.	228
— De Salm.	231
— De Vaudreuil.	230
— La Vaupalière.	235
— D'Uzès.	236

TABLE.

I.

	Pages.
Institut National.	27
Introduction.	1
Institut des Sourds-Muets.	141
Invalides.	28
Isle Louviers.	14

J.

Jardin des Capucines.	210
— De la Chaumière.	210
— De Frascati.	210
— Des Plantes.	61
— Des Tuileries.	19
Jeux de Paume.	255

L.

Lanternes.	136
Loteries.	155
Louvre.	23
Lycée de la rue Saint-Antoine.	202
— Des Capucines.	203
— Impérial.	202
— Des Quatre Nations.	202

M.

Maison d'Éducation de M. Loiseau.	203
— De M. Le Moine.	203
— De M. Moreau.	203

TABLE.

	Pages.
Manufacture de Bronze doré.	168
— De Cristaux.	168
— De Draps.	168
— D'Étoffes.	168
— De Fleurs.	168
— Des Glaces.	168
— D'Horlogerie.	168
— De Meubles.	168
— De Papiers peints.	168
— De Porcelaine.	168
— De Tapis veloutés.	168
— De Velours turcs.	169
— De Vernis sur métaux.	169
Messageries. (bureau des)	212
Ministre des Cultes.	15
— Des Finances.	12
— De la Guerre.	12
— De l'Intérieur.	11
— De la Justice.	11
— De la Marine.	12
— De la Police Générale.	13
— Des Relations Extérieures.	11
— Du Trésor Public.	13
Monnaies. (hôtel des)	126
Mont-Parnasse. (butte du)	137
Morgue. (la)	290
Musée de Mécaniques.	203
— Militaire.	203
— Napoléon.	26

N.

	Pages.
Nourrices. (bureau des)	211

O.

Observatoire. (l')	138

P.

Palais Archiépiscopal.	70
— De Justice.	136
— Du Corps Législatif.	145
— Du Luxembourg.	143
— Des Thermes.	92
— Du Tribunat.	147
— Des Tuileries.	16
Panoramas.	211
Parvis Notre-Dame.	49
Police Militaire.	16
Préfecture du Département.	13
— De Police.	13
Pompe à Feu.	49
— Notre-Dame.	41
Pont-au-Change.	37
— De la Cité.	43
— Notre-Dame.	41
— Du Jardin des Plantes.	45
— De Louis XVI.	44
— Saint-Michel.	37
— Neuf.	38
— (Petit)	37

TABLE. 307

	Pages.
Pont Royal.	39
— De la Tournelle.	43
Porte Saint-Bernard.	227
— Saint-Denis.	10
— Saint-Martin.	8
Prison de l'Abbaye.	193
— De la Bastille.	192
— De la Conciergerie.	194
— De la Force.	190
— De Saint-Lazare.	192
— Des Madelonettes.	192
— De Montaigu.	192
— De Sainte-Pélagie.	193
— Du Temple.	191

Q.

Quai Bonaparte.	57
— Desaix.	57
— Du Louvre.	57
— Malaquais.	57
— De la Monnaie.	57
— Des Quatre-Nations.	57
— Des Tuileries.	57

S.

Société d'Agriculture.	202
— Galvanique.	202
— De Médecine.	202
— De l'Observateur de l'Homme.	202
— De Philosophie Chrétienne.	202
— De Statistique.	202

T.

	Pages.
Théâtre de l'Ambigu-Comique.	208
— De la rue du Bac.	209
— Des Bouffes.	206
— Des Délassemens.	208
— Français.	204
— De la Gaîté.	208
— Des Jeunes Artistes.	208
— Des Jeunes Comédiens.	209
— Des Jeunes Elèves.	208
— Louvois.	206
— Mareux.	208
— Olympique.	207
— Des Ombres Chinoises.	209
— De l'Opéra.	205
— De l'Opéra-Comique.	206
— De M. Pierre.	209
— Sans Prétention.	208
— De la Porte-Saint-Martin.	207
— Du Vaudeville.	206
— De la Vieille-rue-du-Temple.	209
— Des Voltigeurs.	209
Travaux Publics. (direction des)	16
Tribunal de Commerce.	15

V.

Val-de-Grâce.	95

NOTICE
DES LIVRES
ANGLAIS ET ITALIENS,

Qui se trouvent chez DELAUNAY, *Libraire, Palais-Royal, Galeries de Bois, n.* 243, *côté du jardin.*

LIVRES ANGLAIS.

Adventures of Telemachus : Aventures de Télémaque, 1 vol. *in-*12. 3 fr.
Dictionnaire anglais français et français anglais, par Boyer ; nouv. édit., 2 vol. *in-*4. 36 fr.
Le même, 2 vol. *in-*8. 15 fr.
Dictionnaire de poche, anglais français et français anglais, par Nugent ; 2 vol. petit *in-*8. 7 fr.
Blair's Essays on Rhetoric abridged : Abrégé des leçons de rhétorique de Blair. London, 1801. 6 fr.

Bloomfield's rural Poems : Poëmes champêtres, par Bloomfield. *London*, 1801, *in*-8., 11 figures. 8 fr.

Bolingbroke's Letters on the study of history : Lettres sur l'étude de l'histoire, par Bolingbroke, *in*-8. 5 fr.

Cobbett's English Master : Le Maître Anglais, ou nouvelle grammaire anglaise, par Cobbet, *in*-8. 5 fr.

Cotton's Visions : Contes pour l'instruction de la jeunesse, par Cotton. *London*, *in*-12, 6 figures. 4 fr.

Dryden's Poems : Œuvres poétiques de Dryden, 3 vol. *in*-18. 10 fr.

Fables by John Gay, 1 v. *in*-12. 2 fr. 50 c.

Farmer's boy, à Poem : Le Valet du fermier, poëme par Bloomfield. *Lond.*, *in*-8. fig. 6 fr.

French (the) Master : Grammaire française à l'usage des Anglais qui veulent apprendre le français ; *in*-8. 4 fr.

French (the complete) Master, par Boyer, *in*-8. 5 fr.

Gattel's pocket Dictionary Spanish-English and English-Spanish : Dictionnaire de poche, anglais espagnol et espagnol an-

glais, par Gattel; 2 vol. in-16, jolie édit.
9 fr.

Grammaires comparées des langues anglaise et française, par Salavy Dufresnoy; 1 v. in-8. 2 fr. 50 cent.

Grammaire anglaise et française, par MM. Miege et Boyer; *in*-12. 3 fr. 50 c.

Grammaire anglaise et française, par Peyton, *in*-12. 3 fr. 50 c.

Grammaire anglaise, simplifiée par Vergani, *in*-12. 2 fr. 50 c.

Grammaire anglaise, par Siret, *in*-8. 2 fr.

Historical Beauties for Young lady : Beautés historiques à l'usage des jeunes demoiselles. *London.* 4 fr. 50 c.

Introduction à la lecture et à l'ortographe de la langue anglaise : français et anglais ; par William Scott, 1 v. *in*-12. 3 fr. 50 c.

Jane's the Beauties of the Poets : les Beautés des poëtes anglais, par Janes. *London*, *in*-12. 5 fr.

Johnson's Dictionary in miniature : Dictionnaire de Johnson, en miniature. *London*, *in*-18. 8 fr.

Johnson's History of Rasselas : Hist. de Rasselas, roman, par Johnson. *London*, *in*-18. 4 fr.

Jonhson's Lives of English Poets : Vies des poëtes anglais ; 4 vol. *in*-18.   15 fr.

Junius's Letters : Lettres de Junius, 2 vol. *in*-12, fig.   10 fr.

Letters of Lady Montague : Lettres de lady Montague. London ; *in*-12.   4 fr.

Milton's Paradise lost : Paradis perdu de Milton ; *in*-18, jolie édit., 6 fig.   9 fr.

Le même, *in*-12.   4 fr.

Paul and Virginia, 1 vol. *in*-12.   2 fr.

Sterne's Sentimental Journey : Voyage sentimental de Sterne. London ; *in*-12.   4 fr.

Le même, *in*-18, pap. vél., fig.   7 fr.

The art of correspondence, or Models of letters in english and french; 2 v. *in*-12.   6 fr.

The Beauties of english poetry or a Collection of poems, extracted from the best authors, 1 vol. *in*-12.   2 fr. 50 c.

The Beauties of the Spectator, 1 vol. *in*-12.   5 fr.

The english Instructor, or useful and entertaining Passages in prose, selected from the most eminent english writers, and designed for the use and im-

provement of those who learn that language, 1 vol. *in*-12.   2 fr. 50 c.

Vicar (*the*) *of Wakefield*, 1 vol. *in*-12.
                                       2 fr. 50 c.

Travels (*the*) *of Cyrus*, 1 vol. *in*-12. 3 fr.

LIVRES ITALIENS.

ALFIERI, Tragedie, nuova edizione, accresciuta ed esequita sotto gl'occhi dell'autore, 5 vol. *in*-8. *Firenze*, 1803.   24 fr.

Algarotti, Opere, 17 vol. *in*-8. *Venezia*, bella edizione ed elegante.   84 fr.

Aminta, favola di Torq. Tasso, *in*-18 : 2 fr.

Animali (gli) parlanti. *Parigi*, 1802, 3 vol. *in*-8.   24 fr.

Andres, dell'Origine progressi ed stato attuale d'ogni letteratura, 7 vol. *in*-4. *Parma*, 1799.   70 fr.

Bocacio, il Decamerone, 4 vol. *in*-12. *Pisa*, 1802.   10 fr.

Bottarelli, Dizionnario portatile italiano inglese e francese, 3 vol. *in*-8. *Venezia*, 1803.   12 fr.

Denina, Rivoluzioni della Germania, 6 vol. *in*-8., sotto il torchio, 1804.   36 fr.

Dictionnaire italien français, français italien, par Cormon, 2 vol. *in*-8.   15 fr.

Le même, de poche, par Martinelli, 2 vol. petit. *in*-8. 7 fr.

Duc, Italiano in Parigi owero Grammatica francese ad uso de gl'Italiani, *in*-8. *Torino*, 1802. 4 fr. 50 c.

Corticelli, Osservasioni e Regole della lingua toscana, *in*-8. 2 fr.

Fuerroni, Novelle galanti, 2 vol. *in*-12, Istoriche. *Parigi*, 1802. 4 fr.

Goldoni Commedie, 31 vol. *in*-12. *Lucca*. 60 fr.

Grammaire italienne et française, par Veneroni, *in*-8. 5 fr.

Grammatica (nuova) italiana e francese di Ludovico Goudar, novissima edizione, *in*-12. 2 fr. 50 c.

Machiavelli, Opere, 10 vol. *in*-12. *Genova*, 1800, edizione la più compita fin'ora publicata. 24 fr.

Omero, Illiade tradotte da Cesarrotti, 4 vol. *in*-8. *Pisa*. 15 fr.

Parnasso italiano owero raccolta di poeti classici italiani. *Venezia, Zatta*, 1784 -- 1791, 56 v. *in*-12, con belle vignette. 180 fr.

Plutarco, Vite degl'uomini illustri, tradotte

da Pompei, 5 vol. *in-4*. *Verona*, edizion
assai stimata. 50 fr.
Raccolta di Novelle del padre Atanasia da
Verrochio, 3 vol. *in-8*. *Londra*, 1799.
12 fr.
Secretario galante ovvero Collezione di lette-
re, *in-12*. 3 fr.
Soavi, Elementi della pronunzia e dell'orto-
grafia italiana, *in-12*; 1802. 1 fr. 50 c.
Soavi, Grammatica ragionata della lingua ita-
liana, *in-12*. 2 fr.
Tacito, Tradotto da Davanzati, 3 vol. *in-12*,
elegante edizione. *Parigi*, 1804 : 12 fr.
Tasso, Gerusalemme Liberata, 2 vol. *in-12*.
Pisa carta cerulea. *Genova*, 1802. 5 fr.
Tiraboschi, Storia della letteratura italiana,
16 vol. *in-4*. *Modena*, 1794, edizion
seconda, di molto accresciuta. 130 fr.

www.ingramcontent.com/pod-product-compliance
Lightning Source LLC
Chambersburg PA
CBHW071330150426
43191CB00007B/678